19,90

Homens de
um livro só

Mateus Soares de Azevedo

Homens de um livro só

NOVA ERA

CIP-BRASIL. CATALOGAÇÃO-NA-FONTE
SINDICATO NACIONAL DOS EDITORES DE LIVROS, RJ

A986h   Azevedo, Mateus Soares de, 1959-
        Homens de um livro só: o fundamentalismo no islã, no cristianismo e no pensamento moderno / Mateus Soares de Azevedo; introdução de William Stoddart. - Rio de Janeiro: Nova Era, 2008.

        Inclui bibliografia
        ISBN 978-85-7701-283-1

        1. Religião - Filosofia. I. Stoddart, William, 1925-. II. Título.

08-2892   CDD: 210
                                                           CDU: 21

Copyright © 2008 Mateus Soares de Azevedo

Editoração eletrônica: Abreu's System

Todos os direitos reservados. Proibida a reprodução,
no todo ou em parte, sem autorização prévia por escrito da editora,
sejam quais forem os meios empregados, com exceção das resenhas
literárias, que podem reproduzir algumas passagens do livro, desde
que citada a fonte.

Direitos exclusivos desta edição reservados pela
EDITORA NOVA ERA um selo da EDITORA BEST SELLER LTDA.
Rua Argentina 171 – Rio de Janeiro, RJ – 20921-380 – Tel.: 2585-2000.

Impresso no Brasil

ISBN 978-85-7701-283-1

PEDIDOS PELO REEMBOLSO POSTAL
Caixa Postal 23.052
Rio de Janeiro, RJ – 20922-970

Sumário

Introdução por William Stoddart		9
Capítulo 1	O canto de sereia do fundamentalismo militante	25
Capítulo 2	Atenção com o homem de um livro só	36
Capítulo 3	O islã militante e a "guerra santa"	39
Capítulo 4	Assimetrias cristianismo/islã	45
Capítulo 5	O Corão e a Bíblia	55
	5.1 Diferenças de perspectiva entre as Escrituras	57
	5.2 Jesus Cristo e a Virgem Maria no islã	62
Capítulo 6	A mensagem universal do islã	65
Capítulo 7	O sufismo frente ao fundamentalismo	74
	7.1 Os Irmãos Muçulmanos	77
	7.2 De fatalista a fanático	78
	7.3 O Talibã	80
	7.4 As grandes confrarias místicas	81
	7.5 Influência do sufismo nas artes	87

Capítulo 8	A hora e a vez do fundamentalismo anti-religioso	89
	8.1 O marxismo como fundamentalismo	90
	8.2 A psicanálise como religião secular	92
	8.3 Darwin e o fundamentalismo transformista	104
Capítulo 9	O zen e os cientistas fundamentalistas	112
Epílogo	O sagrado: uma questão ecológica	116
Bibliografia		123
Sobre o autor		125
Outros livros do autor		127

> "Cuidado com o homem de um livro só."
> Santo Tomás de Aquino (1224-1274)

> "Quando vemos pessoas ignorantes
> imaginando que o princípio da religião
> é extravagância e brutalidade,
> é tempo de repetir estas palavras:
> 'A paciência é bela e
> Deus é a fonte de todo socorro.'"
> *(Corão 12: 18)*
> Emir Abdel Qader (1807-1883)

> "Feliz daquele que pode
> compreender as causas das coisas."
> Virgílio (70 a.C.-19 a.C.)

Introdução

Por William Stoddart[1]

Se quiséssemos sintetizar em uma única palavra o principal mal que afeta a época moderna, poder-se-ia fazê-lo mediante o termo "ateísmo". Mas se esse diagnóstico pode engendrar a pronta concordância de parte de pessoas de orientação religiosa, também pode ser visto como algo fácil, porque parece demasiadamente abstrato ou genérico. Não obstante, acredito que, em um ou mais de seus muitos aspectos, é precisamente ele que está na raiz dos males modernos. O ateísmo pode ser tão antigo como o homem caído, mas o ateísmo que existe hoje tem sua origem direta nas idéias do Iluminismo do século XVIII — nas idéias expostas por Voltaire, Rousseau e os enciclopedistas.

Certamente utilizo o termo "ateísmo" de maneira extremamente abrangente, incluindo coisas não comumente

---

[1] Escritor britânico. Editor da revista *Studies in Comparative Religion* e autor de *O budismo ao seu alcance*; *O hinduísmo*; *O sufismo* e *Remembering in a World of Forgetting*.

percebidas como diretamente ateísticas, como a falta de lógica, a falta de imaginação, a indiferença e a complacência — todas negações de Deus (e, portanto, abdicações de humanidade) sem as quais fraudes absurdas, mas bem-sucedidas em nossos dias, nunca teriam sido possíveis.

No século passado, a forma mais explícita e brutal de ateísmo foi o comunismo soviético, o qual, depois de 70 anos de pretensão e presunção — durante os quais gozou do apoio entusiástico da academia ilustrada —, naufragou de forma realmente espetacular. Desnecessário dizer que o mal e a ignorância que assumiram forma concreta no comunismo não evaporaram simplesmente. Eles não podem senão encontrar outras formas de expressão.

Quando algo é percebido como mau, geralmente há reações contra ele, e essas reações, por sua vez, podem ser boas ou ruins. Houve a reação à mundanidade por parte de São Francisco de Assis, o "segundo Cristo", o qual reanimou e revigorou a tradição cristã por séculos. Poder-se-ia talvez pensar em outras renovações desse tipo, mas elas são de fato raras. Hoje em dia, a maior parte das reações ao que é percebido como mau é igualmente mau: são reações *par en bas* ("por baixo") e não *par en haut* ("pelo alto"). É como se o mal se apropriasse das reações contra seu próprio trabalho — e as usasse para favorecer ainda mais sua obra.

Exemplos de reações pervertidas ao ateísmo e ao secularismo não são difíceis de encontrar. Acompanhando a época em que vivemos, elas são invariavelmente formas de coletivismo de um tipo ou de outro. Coletivismo significa a geração de poder quantitativo a partir de baixo. Seu oposto é a submissão espontânea ao poder qualitativo que vem do alto. Este envolve responsabilidade individual e a capacidade de reconhecer a autoridade legítima. No passado, as pessoas se submetiam às verdades auto-evidentes da religião; hoje, elas esposam, em movimentos de massa, as *aparências exteriores* da religião. A "revolução islâmica" de Khomeini ou o "socialismo árabe" de Muamar Kadafi são casos desse gênero. Da mesma forma que os nacionalismos sérvio, hindu e muitos outros na atualidade. Tal forma de coletivismo pode ser chamada de "confessionalismo".

Como outros coletivismos, o confessionalismo é tudo, menos pacífico ou conciliatório; ele é a fonte direta de uma competição agressiva, a qual é conhecida como comunalismo. O comunalismo, sob a forma do conflito étnico, tornou-se hoje uma epidemia mundial. Mas conhecemos sua natureza precisa? Trata-se da rivalidade mortal de dois nacionalismos religiosos vizinhos. Testemunhamos a guerra entre azerbaidjanos e armênios, entre católicos croatas e sérvios ortodoxos. No Ceilão, a rivalidade comunal se dá entre budistas e hindus; no Punjab, entre hindus e siques; em outras partes da Índia, entre muçulmanos e hindus; em Chipre, entre gregos e turcos; e, na Irlanda do Norte, entre católicos e protestantes. Cada grupo adere à sua confissão religiosa e à sua cultura de uma maneira passional, mas superficial e formalista, e de modo que desafia de forma letal um grupo vizinho igualmente superficial e formalista. Esses grupos são geralmente chamados de "fundamentalistas", mas em sua ideologia são invariavelmente modernos, progressistas e coletivistas. O comunalismo foi bem descrito como um "egoísmo coletivo". A última coisa que se espera encontrar nesses grupos fanáticos é espiritualidade ou piedade. Não é o *Interior*, mas o exterior em seu modo mais brutal e superficial, o que lhes interessa. Eles defendem a forma, mas matam a essência; matam pela casca, ao mesmo tempo em que esmagam o cerne vivificador. Matam não apenas seus supostos rivais religiosos: já mataram a si mesmos. O comunalismo, como toda paixão superficial — mas devoradora —, é suicida.

Falamos no parágrafo acima de fundamentalismo, aproveitemos então para fazer referência aqui à maneira pela qual o termo "fundamentalista islâmico" é mal-usado nos meios de comunicação. Freqüentemente, ele é aplicado a regimes como o de Khomeini ou de Kadhafi, mas estes são na verdade coletivistas e demagogos. Esses assim chamados "revivalistas" islâmicos combinam de maneira monstruosa, como apontou Frithjof Schuon, o formalismo islâmico (ou outro) com ideologias e tendências modernistas. Como exemplos de "fundamentalistas islâmicos", no sentido de interpretarem de forma literal os ensinamentos da religião, poder-se-iam citar figuras como o rei Fahd, da Arábia Saudita, e o ex-presidente do Paquistão, Zia al-Haqq.

Alguns podem argumentar que é possível encontrar uma prefiguração do comunalismo nas "guerras santas" do passado — as Cruzadas, por exemplo—, nas quais dois sistemas tradicionais se confrontam, cada qual vendo o outro como representante do mal. Há, contudo, uma grande distância entre as guerras santas, cavalheirescas ou outras da Idade Média, e os ódios brutais e as exterminações mecanizadas dos tempos modernos.

Não há dúvida, porém, de que a "falha sísmica" que passa pela antiga Iugoslávia, Ucrânia e outras partes da Europa oriental tem sua origem numa antiga divisão, isto é, o Grande Cisma de 1054. Trata-se da linha divisória entre a cristandade oriental e a ocidental. Duvido que haja uma fronteira mais virulenta em todo o mundo. Esta é uma desencorajadora lembrança do ambiente ocidental contemporâneo de ecumenismo fácil e superficial.

Em vista da antiga origem da maior parte das divisões comunais de hoje, poder-se-ia talvez objetar que o comunalismo não passa do instinto de autopreservação e que, como tal, ele é tão velho quanto a humanidade. Isso, contudo, está longe de ser o caso. Por muitos séculos, o mundo tem sido dividido em grandes impérios, cada um compreendendo uma variedade de povos e, freqüentemente, também de religiões. O viajante anglo-grego e escritor perenialista Marco Pallis uma vez me falou sobre um livro tibetano do século XVIII que se referia (do ponto de vista do Tibete) aos quatro grandes impérios, os quais englobavam para os tibetanos todo o mundo: o chinês, o mongol, o russo e o romano. Mediante este último termo, eles queriam indicar a cristandade ou a Europa.

Ao final da Primeira Guerra Mundial, diversos impérios que abrangiam povos e religiões diferentes começaram a ruir: o prussiano, o austro-húngaro, o otomano. Muitos países surgiram em seu lugar: a Polônia, a Checoslováquia, a Iugoslávia, entre outros. Alguns países árabes independentes surgiram igualmente do império turco. Tudo isso exigia uma base "ideológica" e ela foi encontrada em 1918, nos "14 Pontos" do presidente norte-americano Woodrow Wilson. Um desses era a "autodeterminação", a primeira vez que essa fatídica palavra alcançou destaque. A idéia era bem-intencionada — uma salvaguarda contra a suposta opressão imperial —, mas, desde então, se tornou um dogma do mundo moderno e das Nações Unidas, sendo a justificação "filosófica" de quase todo o comunalismo e conflito étnico da atualidade. Parafraseando as palavras do falecido John Lodge, muitas vezes citadas por Ananda Coomaraswamy: *Dos quatro grandes impérios dos tibetanos até as "Nações Unidas" da atualidade,* quelle dégringolade!

* * *

Mas deixemos de lado por um momento o comunalismo e nos voltemos a um fenômeno bastante diferente de nossa época. Refiro-me ao que é chamado de "escola perenialista", também conhecida como "escola tradicionalista". O grande pioneiro e fundador da escola foi René Guénon (1886-1951). Guénon demarcou a origem do que ele chamou de "desvio moderno" no final da Idade Média e na chegada da Renascença, influxo cataclísmico de secularização, quando o nominalismo sobrepujou o realismo, o individualismo (ou humanismo) substituiu o universalismo e o empirismo baniu a escolástica. Uma parte importante da obra de Guénon consistiu, portanto, em sua crítica do mundo moderno a partir de uma perspectiva implacavelmente "platônica" ou metafísica. Isso foi integralmente apresentado em dois livros magistrais, *A crise do mundo moderno* e *O reino da* quantidade e os sinais dos tempos. O lado positivo da obra de Guénon foi sua exposição dos princípios imutáveis da metafísica universal e da ortodoxia tradicional. Sua principal fonte foi a doutrina da não-dualidade (*advaita*) de Shankara, e sua principal obra nesse aspecto foi *O Homem e seu devir segundo o Vedânta*. Ele também se voltou para outras fontes tradicionais, já que considerava todas as formas tradicionais expressões variadas da Verdade una supraformal.

Um último aspecto da obra de Guénon é constituído por sua brilhante exposição do conteúdo intelectual dos símbolos tradicionais, de qualquer religião que eles possam vir. A esse respeito, veja-se o seu *Símbolos fundamentais da ciência sagrada*.

Um ilustre acadêmico profundamente influenciado por Guénon foi Ananda K. Coomaraswamy (1877-1947), curador do Museu de Belas-Artes de Boston, que incorporou plenamente, mais ao final de sua vida, o "ponto de vista tradicional". Suas "Obras Completas" foram publicadas nas Séries Bollingen, da Universidade de Princeton (EUA), em 1977.

É importante fazer constar aqui que os escritos de Guénon, de importância decisiva, foram de caráter puramente "teórico" e não tinham a pretensão de abarcar a "realização espiritual" ou os modos da oração. Em outras palavras, eles em geral compreendiam a "intelectualidade" (ou a doutrina), e não diretamente a "espiritualidade" (ou o método).

O sol brilhou para a escola perenialista com a aparição da obra de Frithjof Schuon (1907-1998). Quarenta anos atrás, Bernard Kelly, um tomista inglês, escreveu nos *Dominican Studies* de Londres que: "O trabalho de Schuon possui a autoridade intrínseca de uma inteligência contemplativa." A percepção de T. S. Eliot é similar. Sobre o primeiro livro de Schuon, o Nobel de literatura escreveu: "Não conheço obra mais impressionante no estudo comparativo das religiões do Oriente e do Ocidente." Mais recentemente, o "professor emérito" Huston Smith declarou: "Em profundidade e amplitude, Schuon é o modelo de seu tempo. Não conheço escritor contemporâneo que possa rivalizar com ele."

O trabalho de Schuon começou a aparecer durante a parte final da vida de Guénon. Ele prosseguiu, de maneira ainda mais impressionante, a crítica perspicaz e irrefutável do mundo moderno, e atingiu cumes insuperáveis em sua exposição da verdade essencial, iluminadora e salvífica, que jaz no coração de toda forma revelada. Schuon chamou tal verdade supraformal de *religio perennis*. Esse termo, que não implica uma rejeição dos termos similares *philosophia perennis* e *sophia perennis*, contém não obstante uma alusão a uma dimensão adicional que está infalivelmente presente nos escritos de Schuon. É que a compreensão intelectual acarreta uma responsabilidade espiritual, a inteligência requer complementação por meio da sinceridade e da fé, e "ver" (em altura) implica "crer" (em profundidade). Em outras palavras, quanto maior nossa percepção da verdade essencial e salvífica, maior nossa obrigação de um esforço de "realização" interior ou espiritual.

Quais são as principais características da escola perenialista? Elas incluem os princípios fundamentais e essenciais da metafísica (com suas ramificações cosmológicas e antropológicas), a intuição intelectual, a ortodoxia, a tradição, a universalidade, a ciência do simbolismo; a espiritualidade no sentido mais amplo; a moralidade e a estética intrínsecas; o significado e a importância da arte sagrada. Uma característica muito importante é a crítica de longo alcance do mundo moderno, baseada em princípios estritamente tradicionais. Acima de tudo, como Pitágoras e Platão, Guénon e Schuon derivam suas exposições doutrinais diretamente do *intelectus purus* — um processo que dá a essas exposições uma lucidez insuperável.

Chamei essa corrente perenialista de intelectualidade e espiritualidade de "um fenômeno de nossos tempos", mas, contrariamente a outros fenômenos de hoje, trata-se de algo secreto, uma "voz ainda tênue", uma presença oculta, buscada apenas por aqueles com fome e sede por ela, e conhecida apenas daqueles que têm "olhos para ver e ouvidos para ouvir".

* * *

Voltando ao comunalismo: no plano externo, o problema está sendo aos poucos e em partes encaminhado pelo que é chamado de "comunidade internacional". Inevitavelmente, tal resposta é fragmentária — não há quem possa "policiar" o mundo todo. A simpatia exibida às vítimas se dá numa base humanitária, com vistas a indivíduos. Não abrange nem considera o valor de comunidades, coletividades, ou o que pode ser chamado de "civilizações", sejam estas de base étnica ou religiosa, e são estas que estão em risco. São precisamente essas comunidades religiosas — sejam elas o budismo tibetano ou os muçulmanos da Bósnia — que estão em perigo de ser destruídas por um vizinho poderoso (e sinistramente "idealista") — algo muito menos provável de ocorrer quando estão incluídas num império grande, mas tolerante (dado que "realista"). A Bósnia, por exemplo, fazia parte do império austro-húngaro, o qual abrangia, etnicamente falando, alemães, húngaros e eslavos e, religiosamente, católicos romanos, ortodoxos orientais e muçulmanos. Eu mesmo visitei muitas mesquitas na Bósnia, e em várias delas pude ver magníficos tapetes persas doados pelo imperador Franz Josef. Essa é uma cortesia que muito dificilmente será estendida aos muçulmanos eslavos por parte de seus grupos concorrentes e vizinhos entre os ortodoxos, cujos sentimentos, ao contrário, são antes agressivos em relação a eles. Frithjof Schuon mencionou em seus escritos que reis e nobres tinham em geral uma sabedoria e uma tolerância desconhecidas num clero confessionalmente motivado — hoje dir-se-ia uma "elite ideologicamente motivada" —, o qual infelizmente tem o poder de influenciar as pessoas a seguirem esta ou aquela linha confessional ou ideológica. Uma consideração similar foi feita por Dante Alighieri, o qual, por razões intelectuais e espirituais, apoiou o imperador em vez do papa.

* * *

O comunalismo deriva do confessionalismo. O comunalismo é obviamente exterior; o confessionalismo, por ser uma atitude da mente, poderia talvez ser descrito como "falsamente interior". Não há virtualmente nada que nós como indivíduos possamos fazer exteriormente quanto ao comunalismo; mas podemos sempre examinar nossas atitudes em relação à nossa própria confissão religiosa, e explorar em que medida deslizamos para aquilo que chamei de confessionalismo. Não devemos, mesmo interiormente, dar espaço ao comunalismo participando, consciente ou inconscientemente, do confessionalismo que o torna possível. Aqueles de nós que são leitores de Guénon e Schuon têm a vantagem de ser capazes de abordar essa questão a partir do ponto de vista perenialista, e é para esta perspectiva que gostaria agora de me voltar.

Acredito que muitos entre os que agora me lêem conhecem os livros de Schuon.[2] Como mencionei, seus escritos são em grande medida uma exposição do que ele chama de *religio perennis*, aquela "religião subjacente" da verdade essencial e da graça salvífica que mora no coração de cada uma das grandes revelações (e da qual cada grande revelação é a "roupagem" providencial para um setor particular da humanidade). Em razão dessa relação entre a "religião subjacente" e suas várias "roupagens providenciais", é necessário, para aquele que deseja acessar essa "religião subjacente", fazê-lo mediante a adoção de uma dada religião tradicional e ortodoxa, crendo em suas teses centrais (seus "dogmas"), compreendendo-as e participando em sua via de santificação (seus "sacramentos"). O universalismo do

---

[2] Em português, temos: *Para compreender o islã*; *O sentido das raças*; *O homem no universo*; *O esoterismo como princípio e como caminho* e *A unidade transcendente das religiões*.

perenialista não significa dispensar as formas sagradas reveladas por Deus para a nossa salvação. Não há outro caminho senão através dessas formas. O perenialista está consciente de que o Informal deve ser representado na Terra por uma pluralidade de formas. O contrário é metafisicamente impossível.

Seja como for, o perenialista ou o esoterista deve lealdade não a uma forma como tal, mas apenas à Verdade supraformal, ao Espírito Santo. Ele conhece o valor das formas; participa respeitosa e humildemente das formas sagradas reveladas para veicular sua salvação; mas sabe que as formas não são senão mensageiros do Informal, e que o Informal ou o Supraformal necessariamente possui na Terra mais do que um sistema de formas. A razão extrínseca para essa pluralidade são as grandes divisões étnicas e psicológicas da humanidade. A razão intrínseca é que o Supraformal é inesgotável, e cada sucessiva revelação, em sua forma exterior, manifesta um aspecto novo dele. Em sua forma externa, digo, pois cada revelação, em sua essência interior, dá acesso ao Informal e confere as graças deste último. É por isso que cada uma delas salva. Essa realidade é o que Schuon chamou de unidade supraformal, ou transcendente, das religiões.

Enfatizei que o universalismo não implica a rejeição das formas. Implica o sincretismo? A resposta certamente é "não". A doutrina da unidade transcendente ou esotérica das religiões não é um sincretismo, mas uma síntese. O que ela significa? Significa que devemos *crer* em todas as religiões ortodoxas e tradicionais, mas que podemos *praticar* apenas uma. Considerem a metáfora da subida de uma montanha. Os escaladores podem começar seu percurso a partir de diferentes posições na base da montanha. Dessas posições, devem seguir o caminho particular que os conduzirá ao topo. Podemos e devemos crer na eficácia de todos os caminhos, mas nossas pernas não são longas o bastante para nos permitir colocar os pés em dois caminhos ao mesmo tempo! Contudo, os outros caminhos podem ser de alguma ajuda para nós. Por exemplo, se percebermos que alguém, num caminho próximo do nosso, tem uma maneira particularmente habilidosa de contornar um obstáculo, talvez seja possível usarmos a mesma técnica para contornar os obstáculos que eventualmente surgirem em nosso próprio caminho. Enquanto tais, os caminhos só se encontram no topo. As religiões são uma somente em Deus.

Talvez eu possa dizer, de passagem, que constitui uma questão séria mudar de religião, mas que a metáfora da escalada montanhosa ilustra o que acontece quando alguém o faz. Ele se movimenta horizontalmente pela montanha e pega um caminho alternativo; a partir desse ponto, ele começa a subir novamente. Não é necessário voltar para a base da montanha e começar tudo a partir do zero.

* * *

Nesta introdução, movimentei-me entre a *religio perennis* e a presente epidemia mundial de conflito étnico e religioso conhecido como comunalismo. Agi assim porque ambos são fenômenos significativos de nossa época. Um é demasiadamente exterior, enquanto o outro é interior e, num certo sentido, oculto. Quanto às rivalidades comunais aparentemente intratáveis, há pouco que nós, enquanto indivíduos, possamos fazer exteriormente. Interiormente, contudo, podemos ajudar de duas maneiras. Primeiro, com nossas orações e, em seguida — e como função de nossa prece —, aprofundando nossa compreensão da relação entre as formas e o Informal, e da relação que, idealmente, deveria existir entre as várias formas. Cada sistema de crença revelado (com seu correspondente modo de culto) é uma manifestação particular da *religio perennis*. Não é, portanto, um erro encarar determinada revelação como *a* Revelação, desde que não sejamos "nacionalistas" ou "concorrenciais" acerca dela. Na prática, contudo, isso pode ser uma coisa difícil. Como se poderia, num momento, prescrever que as pessoas se tornem cristãos "tradicionais" e comprometidos e, no momento seguinte, falar com igual respeito acerca das religiões de Krishna, Buda ou Maomé? Difícil, de fato. Mas, de alguma maneira, isso tem de ser feito.

A distinção cultural básica feita pelo mundo pós-cristão ainda é aquela entre a cristandade e todo o resto, mas isso não é uma análise boa o bastante para a época atual. A distinção que temos de fazer hoje é entre crentes e descrentes, entre o "bom" e o "mau" — independentemente da forma revelada. Ao fazê-lo, não precisamos ter receio de ser chamados de "opinativos"! Nossa experiência diária mostra que não há ninguém tão opinativo como o humanista secular. Ele julga tudo e todos. O único problema é que ele julga erradamente — com efeitos devastadores para a comunidade e a nação.

"Não julgueis para não serdes julgados." Esse é um texto que é facilmente mal interpretado. Ele se aplica ao nosso egoísmo, ao nosso subjetivismo, ao nosso interesse próprio; não exclui a realidade da objetividade, e menos ainda abole a verdade. Há claramente muito para nós "julgarmos" ou, antes, opormos: ateísmo, agnosticismo e tudo o que deriva do "Iluminismo". Toleramos passivamente muito do que deriva do mal e, mesmo assim, pensamos que nossa cultura está sendo ameaçada se alguém mantém uma conversação em espanhol ou se usa um turbante. Devemos estar suficientemente alerta para distinguir entre aquilo que vem de Deus (não importa quão exótica sua forma exterior) e o que não vem.

Nossos julgamentos não devem ser totalmente divorciados de nossa confissão religiosa. Devemos ser capazes de opor o "mau" (mesmo que seja de nossa própria religião) e aclamar o "bom" (mesmo que pertença a uma religião estrangeira). Essa injunção pode soar um lugar-comum, mas quase ninguém a segue instintivamente. Devemos ser capazes da intuição fundamentalmente importante de que *toda* religião — seja o cristianismo, o hinduísmo, o budismo ou o islã — *vem de Deus e leva a Deus*; nestes últimos dias, subestimamos, para nosso próprio risco, as "outras religiões". Infelizmente, muito poucos, sejam cristãos, muçulmanos, budistas ou outros, são capazes de dar este salto angélico de fé — por muitas más razões, e por uma boa razão, isto é, que cada religião tem dentro de si um versículo correspondente a: "Ninguém chega ao Pai se não for por Mim."

É precisamente esse "absoluto" em cada religião que a torna uma religião, mas é difícil para a maior parte das pessoas compreender a *simples* verdade de que o absoluto, sendo por definição supraformal, deve obrigatoriamente — dentro do mundo formal — esposar muitas formas. Não pode ser de outra maneira, a despeito do texto providencialmente "absolutista" em cada religião. Entender essa verdade, pelo menos teoricamente, é a *primeira* necessidade na época atual. Mas, infelizmente, como tantas coisas boas, essa área tem sido parcialmente tomada pelas seitas, movimentos ocultistas etc. Poder-se-ia dizer que é nessa área, acima de tudo, que os ensinamentos e elucidações dos perenialistas têm um papel indispensável a desempenhar.

O que aprendemos dos escritos perenialistas é que o essencial é ver além da forma, no conteúdo e, no interior do conteúdo das várias religiões e culturas, ver a Verdade una e o Caminho uno para a salvação. Supraformalidade desse tipo só é possível sobre a base da compreensão em profundidade — e, conseqüentemente, do respeito — do significado e da função das várias formas reveladas, as quais, na realidade, constituem as diferentes linguagens e sendas da Mensagem Divina una.

WILLIAM STODDART

CAPÍTULO 1

O canto de sereia do fundamentalismo militante

> *"Maomé uma vez se referiu a disputa*
> *e contendas e disse:*
> *'Elas surgirão no tempo em que*
> *o conhecimento abandonar o mundo'.*
> *Ziad perguntou: 'Ó, Mensageiro de Deus,*
> *como o conhecimento abandonará o mundo*
> *se nós lemos o Corão e o ensinamos aos nossos filhos,*
> *e eles certamente o ensinarão aos seus próprios filhos,*
> *e assim até o último dia?'*
> *Então Maomé disse:*
> *'Ó, Ziad, e o que dizer dos judeus e cristãos*
> *que lêem a Bíblia e os Evangelhos,*
> *eles porventura os põem em prática e*
> *agem segundo seu espírito?'"*
>
> HADITH

Purificar a mente de boa parte daquilo que usualmente é difundido sobre a religião em geral — e o islã em particular. Essa é a primeira recomendação que se deve dar a quem quer que deseje, de fato, entender a natureza e o papel da religião, da tradição que dela deriva, e da espiritualidade no mundo moderno. Isso vale em especial para o maior alvo da desinformação e dos mal-entendidos: o mundo do islã. O requisito básico e fundamental para começarmos, assim, a compreender o islã, sua religião, sua cultura e sua mentalidade, é purificar nosso imaginário de toda visão apressada, superficial, parcial e muitas vezes francamente preconceituosa mediante a qual o tema é em geral exposto.

Afinal, boa parte das figuras e organizações que têm sido apresentadas ao longo dos últimos anos como "representativas" do universo muçulmano são qualquer coisa que se queira, menos autênticos porta-vozes do islã. Esse é o caso de Osama bin Laden e da Al Qaeda, de Saddam Hussein e do partido *Baath*, do aiatolá Khomeini e da "revolução islâmica", dos talibãs e de tantos outros.

Alguns deles são tiranos ou demagogos, ou ambos, que usam, ou usavam, a religião para seus fins pessoais ou políticos. Outros são "reformistas" ou "revolucionários", ou mesmo extremistas políticos ou terroristas que têm do islã tradicional e espiritual uma idéia bastante diminuída e que a ele normalmente se opõem, mas que não obstante dele se aproveitam, dado o caso.

O partido da "renascença" árabe, o *Baath*, do Iraque de Saddam Hussein, constitui na verdade uma sorte de fascismo árabe. Está longe de representar o islã tradicional. O mesmo vale para Osama bin Laden, símbolo do extremismo intolerante que, no ver das próprias autoridades religiosas muçulmanas, abandonou há muito os contornos da ortodoxia. O conceito de *jihad* (literalmente "esforço sagrado", mas, em geral, traduzido como "guerra santa") não se aplica a terrorismo e a ataques contra civis, como as horripilantes "degolas" de reféns e os covardes atentados contra igrejas ou escolas — condenados em termos absolutos pelo Corão.[1]

Nascido em 1957, em uma rica família estabelecida na Arábia Saudita, Osama bin Laden estudou na Universidade Rei Abdullah Aziz, em Jedá. Lá, foi fortemente influenciado pela ideologia exclusivista dos Irmãos Muçulmanos, organização fundamentalista militante estabelecida em 1928. Contradizendo os ensinamentos do Corão, prega a *jihad* contra os "povos do Livro", isto é, cristãos e judeus, numa clara demonstração de heterodoxia.[2]

Nas palavras de Frithjof Schuon, movimentos como esses combinam, de uma maneira monstruosa, o apego à "forma" (não ao espírito) islâmico com ideologias e tendências modernas. Karen Armstrong também percebeu esse aspecto da questão, ou seja, que o fundamentalismo militante é um fenômeno moderno e deve ser distinguido do ideário tradicional, que enfatiza a sabedoria e a virtude. "Tem-se a impressão", ela escreveu, "que os fundamentalistas são inerentemente conservadores e aferrados ao pas-

---

[1] Apesar de não ter relação com o fenômeno do fundamentalismo militante — os chechenos não estão envolvidos prioritariamente numa luta religiosa, mas sim política, pela sua autonomia em face da Rússia —, o massacre de civis e crianças na Escola Pública n. 1 de Beslan, em setembro de 2004, suscitou uma onda generalizada de indignação nos países muçulmanos. A principal autoridade doutrinal do islã sunita, a Universidade de Al-Azhar, no Cairo, condenou os guerrilheiros chechenos pelo ato e os chamou de "monstros" e "criminosos".
[2] Para mais informação sobre os Irmãos Muçulmanos, ver Capítulo 7.

sado, no entanto suas idéias são essencialmente modernas e inovadoras".[3]

O islã também é apresentado como tendo se difundido pela força das armas. Esquece-se que a persuasão desempenhou um papel mais importante. Na África e no sul da Ásia, por exemplo, ele se estabeleceu pelo convencimento, pela boca e o exemplo de vida de fiéis comuns e, especialmente, de místicos sufis. À Indonésia, mais populoso país muçulmano do presente, os exércitos de Maomé nunca chegaram.

Na Espanha e na Grécia, que viveram séculos sob o domínio islâmico, as populações continuaram praticando o cristianismo, e não foram forçadas a se converter. Ou seja, os muçulmanos conquistaram militarmente muitos territórios, mas não converteram à força os "povos do Livro" (inclusive hindus) que lá viviam. Ademais, não há civilização que tenha dispensado totalmente a "espada", sempre que esteja em jogo a difusão de sua mensagem sobre um espaço considerado vital. O próprio cristianismo não se furtou a fazer uso dela.

Infelizmente, aspectos positivos do legado islâmico, como a sabedoria milenar, a cultura e a arte, dificilmente entram em foco. Vale ressaltar ainda que o propósito do islã enquanto religião é justamente produzir um "apaziguamento" na alma do fiel; lingüisticamente, a raiz das palavras árabes *islâm* ("resignação") e *salâm* ("paz") é a mesma. E o Corão diversas vezes diz que a prática da religião deve engendrar a paz no coração dos homens — "Paz" que é, por sua vez, um dos 99 nomes de Alá. Tradicionalmente, assim,

---

[3] ARMSTRONG, Karen. *Em nome de Deus*. São Paulo: Companhia das Letras, 2001.

o islã está associado ao mistério da Paz, temporal e espiritual: "E Deus convoca à morada da Paz (*dar as-Salâm*) e conduz na via reta a quem Lhe apraz" (sura *Yunus*, 10:25).[4]

O fundamentalismo militante, assim, constitui apenas uma casca superficial e intolerante da religião tradicional. Já no final do século XIX, o célebre emir Abdel Qader (1807-1883), simultaneamente místico e líder da resistência norte-africana contra o colonialismo europeu, lamentava-se do obscurecimento do entendimento dos verdadeiros fins da religião entre alguns de seus seguidores. Detentor do "poder temporal", como chefe dos árabes e berberes do Magrebe, e da "autoridade espiritual", como sufi renomado da linhagem de Ibn Arabi, Abdel Qader lutou porque era seu dever e sua obrigação defender sua terra e sua gente da invasão estrangeira. Mas ele nunca nutriu ódio contra a Europa ou a tradição cristã. Poder-se-ia dizer que sua luta alinhava-se ao espírito do Bhagavad Gita:[5] o bom combate faz parte da "natureza das coisas", mas ele deve ser travado sem paixão e sem rancor contra o adversário.

Numa frase hoje famosa, o emir afirmou a primazia do espiritual e antecipou o grave problema que na época apenas principiava a germinar no islã:

Quando constatamos quão poucos são os homens genuinamente de religião, quão pequeno o número de

---

[4] Ao leitor particularmente interessado neste ponto, recomendo o esclarecedor livro de Schuon, *Sufism, Veil and Quintessence*, especialmente o capítulo "Human premises of a religious dilemma" (1981).
[5] Clássico da literatura espiritual da Índia.

> *defensores da verdade; quando vemos pessoas ignorantes imaginando que o princípio da religião é extravagância e brutalidade — é tempo de repetir estas palavras: 'A paciência é bela e Deus é a fonte de todo socorro'* (Corão 12:18).

Uma abordagem desse tipo mostra que o problema não é novo, que os autênticos chefes espirituais do islã, como Abdel Qader, são há muito críticos duros do chamado "fundamentalismo militante" e que a religião não pode com ele ser confundida. Discípulo de Ibn Arabi, talvez o maior metafísico do islã, Abdel Qader combateu os franceses entre 1832 e 1847, foi preso na França por cinco anos e depois fixou-se em Damasco, na Síria. Aí, recebeu o imperador brasileiro Pedro II, quando de sua viagem à Terra Santa. Pedro II agradeceu-lhe pela proteção que concedeu aos cristãos, quando uma revolta drusa colocou em risco sua existência.[6]

Cito um exemplo mais recente desse importante ponto. O conhecido comandante Massoud, o "leão do norte", chefe da resistência contra o Talibã no Afeganistão, era filiado à confraria sufi Naqchbandi.[7] Ele foi covardemente assassinado por comandos da Al Qaeda. Seu caso mostra que o principal pilar da resistência à excessiva politização do islã e à intolerância dos movimentos militantes vem do sufismo, que é na verdade o coração do islã tradicional.[8]

---

[6] Ver a respeito *Dom Pedro II na Terra Santa*, de Reuven Faingold.
[7] Ver o Capítulo 7, "O sufismo frente ao fundamentalismo".
[8] Também a esse respeito, ver o Capítulo 7.

Muitos dos nossos meios de comunicação falam com gosto do "fundamentalismo", mas não se dão conta de que estão sendo igualmente "fundamentalistas" ao fazerem uma cobertura em geral não-histórica, superficial e unilateral do tema. As outras tendências e correntes que operam atualmente no mundo islâmico raras vezes são levadas em conta. O fundamentalismo é apenas uma delas, que prospera em grande parte como reação aos erros e à tendenciosidade das potências do Ocidente em sua política para o mundo islâmico — por exemplo, no apoio emocional e irrestrito a Israel. Prova disso é a origem bastante recente de muitos desses movimentos extremistas.[9]

Vale ressaltar ainda que as Escrituras islâmicas, tanto quanto sua tradição ao longo dos séculos, têm condenado enfaticamente o fanatismo religioso, a intolerância e todo tipo de agressão gratuita. Para o islã tradicional, a intolerância religiosa é uma aberração. Diz o famoso versículo 256 da sura 2 do Corão: *"Não há imposição em matéria de religião."*

E, de fato, ao longo da história islâmica, os "povos do Livro" tiveram seus direitos respeitados e seus fundadores, sobretudo Jesus Cristo e Moisés, venerados. As rixas entre judeus e árabes, por exemplo, só começam realmente com o avanço do ultranacionalismo judaico (o sionismo), a partir das primeiras décadas do século XX. Antes disso, os dois povos tinham uma convivência em geral amistosa.

É necessário, portanto, corrigir a confusão infelizmente disseminada de que os "fundamentalistas" — sejam eles ex-

---

[9] Tanto o Hamas, na Faixa de Gaza, como o Hezbollah, no Líbano, surgiram apenas na década de 1980, e como reação à ocupação israelense nos dois locais.

tremistas políticos de diversos matizes, sejam os reformistas puritanos — representam o islã integral. É preciso também não esquecer que uma das características mais salientes desse "fundamentalismo militante" é justamente o desprezo do rico legado intelectual, místico e artístico de séculos de civilização islâmica.

Confundir a religião tradicional com o fundamentalismo militante seria o mesmo que confundir a espiritualidade de São Francisco ou mestre Eckhart com algum tosco "fundamentalismo" evangelista. Acusar o islã pelos erros e agressões dos fanáticos seria algo como acusar a Igreja Ortodoxa Russa pelos crimes do stalinismo; ou o taoísmo, pelos abusos da revolução cultural maoísta; ou o judaísmo tradicional, pela opressão sionista contra os palestinos; ou o protestantismo, pelos crimes do nacional-socialismo alemão! Tudo isso é evidentemente absurdo, mas é o que está acontecendo diante de nossos olhos.

O moderno fundamentalismo, na verdade, constitui-se num amálgama de posições religiosas superficiais, exclusivistas, formalistas, agressivas e xenófobas, conjugadas com ideologias políticas modernas, como o nacionalismo; é dessa fusão que deriva sua "explosividade". Há uma espécie de "fundamentalismo" que poderíamos chamar de "antigo" (predominante até *grosso modo* a alvorada do século XX), o qual me parece de certa forma mais "inofensivo", visto que restrito em grande medida ao campo especificamente religioso; assim entendido, não se trata de algo intrinsecamente falso e condenável, mas sim limitado, restrito, superficial. Seu caráter violento e agressivo deriva, como dissemos, da fusão desses elementos religiosos, entendidos de maneira formalista e interessada, com ideologias agressivas modernas.

O desafio da intolerância e do extremismo, hoje, é mundial, envolvendo diversas civilizações, e não apenas a islâmica. Assiste-se assim, paradoxalmente, na mesma época da globalização operada pela tecnologia e as finanças, a um aguçamento das tensões entre distintas culturas, em razão de divisões e mal-entendidos cuja origem está na compreensão superficial e "militante", formalista e xenófoba, das diferentes perspectivas religiosas.

O fenômeno do moderno fundamentalismo representa, assim, simultaneamente, como que um "canto de sereia" e um "canto de cisne" para as tradições. Na medida em que a religião integral — com seu rico patrimônio intelectual e espiritual — é relegada a um segundo plano, os movimentos militantes, com seu ativismo político agressivo e sua superficialidade teórica, seduzem muitos e assumem o centro da cena. O "fundamentalismo militante", pois, não representa a religião, constituindo, ao contrário, um claro empobrecimento de sua mensagem, nivelando por baixo cultura, teologia e mística.

Há ainda um derradeiro e interessantíssimo aspecto do problema que merece ser debatido. É o seguinte: no islã, a política é tradicionalmente um domínio de grande relevância. Ela vem praticamente junto da religião; de certa maneira, ela "faz parte" da religião e nela está incluída.

O islã surgiu no deserto, em meio a tribos nômades e seminômades, entre homens cuja principal atividade era o comércio e o pastoreio e cujas vidas não estavam inseridas num quadro de pertença de um império organizado, com suas leis, sua hierarquia, seu território. Desse modo, os primeiros muçulmanos foram, simultaneamente, os mensageiros de uma nova religião e os forjadores e organizadores de um novo império. Os sucessores imediatos do profeta Maomé, os califas *rachiddun* ("corretamente guiados", ou ortodoxos) Abu Bakr, Omar, Osman e Ali — os quais comandaram religiosa e politicamente o mundo islâmico por cerca de três décadas, após a morte de Maomé, em 632 d.C., — tinham necessariamente de levar uma espada ao lado do Corão, o novo texto sagrado. Isto porque eles não contavam com a proteção de uma *pax romana*, como era o caso dos primeiros discípulos de Cristo. Eles tiveram de forjar uma nova e original *pax islâmica*.

Se os primeiros apóstolos da tradição cristã, como Pedro e Paulo, por exemplo, puderam em grande medida dispensar as preocupações de caráter político, social e econômico em suas viagens de pregação da nova doutrina, pois disso "César" cuidava, os companheiros do profeta não podiam se furtar dessas preocupações temporais.

Vê-se, assim, que religião e política caminham paralelamente no islã, diferentemente do que ocorre no cristianismo, no qual a política de certa forma é relegada a um plano inferior, secundário e não *intrinsecamente* vinculado ao plano religioso. "Meu Reino não é deste mundo", disse o Cristo. E também: "Dai a César o que é de César, e a Deus o que é de Deus." No islã, a política é uma "serva" ou "auxiliar" da religião, a qual lhe fornece seus princípios de ação, sua base e a "moldura" no interior da qual a política como arte e ciência de bem servir a comunidade é exercida. No islã tradicional e normativo, a política serve à religião, é sua assistente e colaboradora. O problema nos dias de hoje é que muitas vezes a política quer se sobrepor à religião, quer obrigá-la a seguir seus caminhos, quer se colocar no lugar de sua "mestra". É isso que vemos no ideário do islamismo puramente político: a religião a serviço da política e da ideologia; a política como uma "religião". Ao contrário do que tradicionalmente acontecia.

Esquematicamente, pode-se, portanto, dizer que o fundamentalismo militante inverte a vinculação normal que existe entre essas duas esferas, de tal forma que o interesse político imediato acaba por açambarcar, em alguns círculos e meios, a religião enquanto prática da sabedoria, da misericórdia e da virtude. Em suma, islã tradicional e espiritual é sinônimo de política — necessariamente "horizontal" e puramente humana — a serviço da "verticalidade" e da transcendência da religião. No fundamentalismo militante, ao contrário, o legado espiritual da religião é forçado a prostrar-se a serviço de interesses imediatos, superficiais e puramente "horizontais".

Nas páginas que seguem, vou aprofundar essa fascinante questão, introduzindo simultaneamente um estimulante "paradoxo": até meados do século XX, o muçulmano era visto como um "fatalista" e sua religião como marcada pela "passividade". Subitamente, ao longo de alguns poucos anos, esse mesmo muçulmano se transforma, aos olhos ocidentais, de "fatalista" em "fanático fundamentalista". Como explicar essa radical e repentina transmutação? Nos capítulos seguintes, minhas respostas.

CAPÍTULO 2

Atenção com o homem de um livro só

Um dos aspectos mais paradoxais do fenômeno "fundamentalista militante", seja ele islâmico, cristão ou judaico, é o injustificável menosprezo pela rica herança intelectual, mística, artística e científica produzida ao longo dos séculos pela própria civilização que ele julga representar.

O "fundamentalismo" cristão, por exemplo, desdenha a beleza espiritual e literária da *Divina comédia*, de Dante Alighieri, e não está interessado na arquitetura sagrada das catedrais nem nas sutilezas da filosofia tomista. Ele só tem olhos para o sentido literal, superficial e moralista das Escrituras.

Mutatis mutandis, o mesmo se aplica ao fundamentalismo militante de matriz muçulmana. O irado jovem que grita contra o "grande satã" ocidental nas ruas de Karachi, por exemplo, desdenha a originalidade artística de 14 séculos de islã e também a profundidade da filosofia de Avicena. A arte de pacificar o coração dos sufis não está incluída em seu limitado horizonte. Tampouco a poesia de Rumi, a dança dos dervixes e a arte da iluminura corânica. Ele só está focado na luta política e ideológica contra o "satã" ocidental, real ou ilusório, luta esta entendida no sentido mais raso possível.

Vale ressaltar que o livro sagrado dos muçulmanos, o Corão, prega a legitimidade das demais religiões dos "povos do Livro" (cristãos, judeus e hindus), ao passo que os militantes fazem o oposto, exacerbando as paixões político-religiosas que desnaturam sua própria fé e alimentam o ódio. O fundamentalismo militante acredita que um fosso intransponível separa o islã do cristianismo e do judaísmo. Não é isso o que o Corão prega:

> *E Nós* (Deus) *enviamos também Jesus, filho de Maria, a quem concedemos os Evangelhos e infundimos compaixão e clemência nos corações daqueles que os seguem* (sura 57: 27).

Outro ponto capital, mal compreendido pelos ativistas, é a *jihad*. Tradicionalmente, a religião ensina que há duas *jihads*, a exterior e, mais importante, a interior. Esta última implica o "combate" contra as paixões da alma — o ódio, o egoísmo, o orgulho. Esta é a "grande guerra santa". Mas o jihadista contemporâneo a ignora. Ensina o profeta Maomé num *hadith* (dito tradicional): "A *jihad* mais excelente é a conquista do ego."

Para o islã tradicional, o conhecimento é sagrado; ele é uma forma de identificar no tempo signos do intemporal. Por isso, a inteligência sempre foi respeitada. No passado, foram os muçulmanos os responsáveis pelo resgate da sabedoria antiga. Seus sábios e eruditos transmitiram ao Ocidente o saber de Platão, Pitágoras e Aristóteles.

Antecipando de forma algo profética esses infelizes desdobramentos históricos, Santo Tomás de Aquino já alertava: "Cuidado com o homem de um livro só." Isso vale não apenas para os leitores extremistas do Corão e os seguidores literais da Torá e do Evangelho, mas também para os fanáticos de *O capital* e de *A origem das espécies*. Afinal, não se pode esquecer do fenômeno do "fundamentalismo secular" — a estreiteza mental, o exclusivismo, o sectarismo, o simplismo e, finalmente, a intolerância da não-religião tornada "religião". Trato desse paradoxal fenômeno contemporâneo analisando algumas de suas variantes nos Capítulos 8 e 9.

CAPÍTULO 3

O islã militante e a "guerra santa"

*"Está próximo o tempo
em que do islã nada persistirá,
a não ser o nome,
e nada do Corão,
exceto sua mera aparência.
As mesquitas estarão privadas
de conhecimento e de culto.
Os eruditos constituirão o pior tipo
de gente debaixo dos céus.
E disputas e contendas emanarão
deles e voltarão sobre eles,
fustigando-os."*
HADITH

*"A tinta dos sábios é como
o sangue dos mártires."*
HADITH

São três as principais tendências ou correntes atuantes hoje no mundo islâmico: a fundamentalista, a modernista e a tradicional. Mas apenas a primeira recebe a atenção quase exclusiva dos meios de comunicação. A tendência "modernista" inclui tanto a esquerda — influenciada pelo marxismo ocidental — como a direita, marcada pelo liberalismo. Ambas são animadas pelo espírito do Ocidente. Um exemplo do modernismo secularista aplicado na prática é a Turquia de Ataturk; admirado por aqui, ele foi na verdade um ditador brutal que proibiu, no início do século XX, o funcionamento das confrarias místicas (*turuq*), existentes há pelo menos sete séculos na Turquia, e estabeleceu uma ocidentalização forçada dos costumes e instituições em seu país.

Quanto à tendência fundamentalista, podemos distinguir igualmente uma face de esquerda e outra de direita. O wahabismo puritanista e antiintelectual da Arábia Saudita é um exemplo da primeira; a "revolução islâmica", dos aiatolás iranianos, da segunda. Ambas são apenas "exotéricas", rejeitam o sufismo e as contribuições da *Falsafah* (a filosofia tradicional islâmica).

Quanto à terceira tendência majoritária do mundo contemporâneo, o islã tradicional, ele não deve ser confundido com o fundamentalismo militante. Seria o mesmo que confundir uma perspectiva superficial e limitada com o profundo legado intelectual e espiritual do Corão, de Rumi, Ibn Arabi e al-Ghazzali. Aqui se trata do islã integral, incluindo tanto a *Charia* (a lei islâmica) como a *Tariqah* (a via espiritual), o exoterismo e o esoterismo. Confundir a religião tradicional com o ativismo literalista é confundir alhos com bugalhos.

Religião fundada no ano de 622 d.C. pelo guia de caravanas árabe Maomé, o islã há séculos já é uma religião de abrangência mundial, com seguidores espalhados pelos cinco continentes. Tais fiéis vêm das mais variadas origens étnicas e sociais; dos árabes e persas aos turcos e negros. Hoje, os árabes, dentre os quais o islã surgiu, tornaram-se minoritários, constituindo apenas 1/5 da população muçulmana global; o mais populoso país muçulmano hoje não é árabe, é a Indonésia, no sudeste asiático, com cerca de 200 milhões de fiéis.

O mundo islâmico está envolvido em vigorosas polêmicas e controvérsias, fruto sobretudo da crescente politização sofrida desde o início do século XX — com a conseqüente dose de intolerância que tal fato engendra. Não obstante esse fato, a religião enquanto tal segue imune a esses radicalismos, especialmente em sua dimensão mística. A esse respeito, vejamos o caso dos atentados de 11 de setembro de 2001 nos Estados Unidos: eles não têm uma ligação direta com a religião, sendo esta última apenas usada como "verniz" por grupos extremistas como a Al Qaeda, para seus fins políticos e ideológicos.

Os ataques de 2001 nos Estados Unidos, e também em Madri (2004) e em Londres (2006), têm, sim, relação de causalidade profunda com a situação política no Oriente Médio desde a queda do Império Otomano, ao final da Primeira Guerra Mundial (1914-18). E, sobretudo, com a tragédia palestina a partir da criação, em 1948, do "Estado de Israel", em uma área habitada, desde pelo menos o século VII d.C, majoritariamente por árabes palestinos (muçulmanos e cristãos), que não foram sequer consultados acerca da dita criação imposta do exterior e *mano militare*.

Esse fundamentalismo militante ou, mais precisamente, esse extremismo político — que é uma tendência até aqui minoritária no mundo islâmico, apesar de seu crescimento resultante das injustiças e dos erros do Ocidente no Oriente Médio — pede alguns esclarecimentos suplementares. O fundamentalismo atual é resultado de uma fusão de posições religiosas superficiais e intolerantes com ideologias políticas modernas. O "antigo" fundamentalismo, que vicejou até o início do século XX, era de certo modo inócuo, limitado ao domínio especificamente religioso (na verdade, a origem do termo "fundamentalismo" está ligada ao protestantismo norte-americano da passagem dos séculos XIX para o XX e à disputa intelectual em torno do ensino da hipótese evolucionista de Darwin. Os "fundamentalistas" eram aqueles protestantes que defendiam uma volta aos "fundamentos", literalmente entendidos, da Bíblia). Mas, quando a essa interpretação religioso-literalista das Escrituras se associam a moderna tecnologia armamentista e o "culto" de uma única verdade literal, de um único livro superficialmente entendido, de um único caminho, e o ódio de um único "inimigo", a situação se torna explosiva. Tudo pode acontecer, e essa é, de fato, a situação presente em tantas partes do mundo.

Assiste-se assim, paradoxalmente, na mesma época da "mundialização", a um aguçamento das tensões e enfrentamentos entre povos e culturas distintas, cuja raiz está na compreensão superficial, "militante" e "nacionalista" das mensagens religiosas.[1]

---

[1] Vale ressaltar aqui que, no entendimento do público em geral, "fundamentalismo" se tornou um "termo-ônibus" que abrange conceitos distintos — cujas fronteiras são móveis e difíceis de estabelecer com absoluta precisão. A rigor, há que se distinguir entre fundamentalismo, coletivismo, confessionalismo e comunalismo. Para uma definição e explicação destes termos, ver a Introdução, de William Stoddart.

Intimamente imbricada ao fundamentalismo está a *jihad*. Geralmente traduzido como "guerra santa", este termo árabe significa literalmente "esforço"; esforço na causa da fé, esforço tanto interior e pessoal como exterior e social. Há, como vimos, duas *jihads*: a "grande" ou interior, e a "pequena", ou exterior. Após retornar de uma expedição militar, Maomé disse a seus seguidores: "Voltamos da 'pequena *jihad*' (travada com a espada) e agora devemos travar a 'Grande Guerra Santa' (*jihad al-akbar*), a qual é travada com as armas do espírito, ou seja, a verdade, a humildade e a generosidade.

O que o profeta do islã quis dizer com esta "Grande Guerra Santa"? Trata-se do combate contra o orgulho e o egoísmo. É a "guerra" contra o ego e sua vaidade. É a luta espiritual, que ocorre no interior da alma de todo ser humano. Vencer a "grande guerra" é praticar a humildade e a generosidade; é concentrar-se na oração; é cumprir o dever sem reclamar; é jejuar e sorrir; é dar e agradecer por poder dar. A "grande guerra" é, ou deveria ser, o combate por excelência dos muçulmanos verdadeiros e dos seguidores de todas as religiões autênticas.

Considerada por alguns autores o "sexto pilar" do islã,[2] a *jihad* (esforço na causa da fé) é o que levanta mais polêmica. Como vimos, para o islã, a *jihad* mais importante é a interior, que envolve a luta contra as paixões. A luta externa

---

[2] Os "Cinco Pilares" são os seguintes: 1. a *Shahâda* (o testemunho de fé de que "Não há deus exceto o único Deus" e que "Mohamed é o seu enviado"); 2. As cinco preces diárias; 3. O jejum do mês do Ramadã; 4. O dízimo obrigatório de 2,5% do rendimento líquido anual dado aos pobres; 5. A peregrinação a Meca.

é secundária e pressupõe condições como a defesa da fé e a não-agressão a civis.

Terrorismo não é *jihad*, nem quando se combate pela glória pessoal ou por mero ódio ideológico ou racial. Diz o Corão: "*Lutai na via de Deus contra aqueles que vos atacam, mas nunca inicieis as hostilidades. Deus não aprecia os agressores*" (sura 2, 190). E um *hadith* diz: "*A jihad mais excelente é aquela pela conquista do ego.*"

Há que se levar em conta também o fato de que o islã nasceu no deserto, entre tribos não-sedentárias. Os "companheiros do profeta" (cujo papel é análogo ao dos apóstolos no cristianismo) estabeleceram e difundiram tanto uma religião como um império, e não agiam ao abrigo de um império já constituído, como os primeiros cristãos, que atuavam dentro dos contornos do Império Romano. Ou seja, essa dimensão "militar" e política está ligada ao islã desde seus primórdios, e não deve ser escamoteada, como fazem alguns defensores superficiais que querem colar as idéias do "politicamente correto" ao islã, dando-lhe uma dimensão "pacifista", superficialmente entendida, que ele não tem. Mas as dimensões interior e exterior da *jihad* se mantêm em equilíbrio no islã tradicional. Aliás, a primeira dita as normas para a segunda e lhe tem primazia.

CAPÍTULO 4

Assimetrias cristianismo/islã

> *"Aquilo que hoje é chamado de religião cristã
> já existia entre os antigos,
> e nunca deixou de existir,
> desde as origens do gênero humano
> até o tempo em que o próprio Cristo veio,
> e os homens passaram a chamar de 'cristã'
> a verdadeira religião, que antes já existia."*
> SANTO AGOSTINHO (354-430)[1]

Não é possível contemplar e avaliar objetivamente uma civilização estrangeira exclusivamente com os olhos e os parâmetros de nossa própria mentalidade. Tampouco se pode apreciar devidamente o patrimônio de outra cultura sem um mínimo de simpatia e de genuíno e desprendido interesse. Causa, portanto, erro de ótica considerar o islã unicamente a partir de nossos parâmetros ocidentais; tal abordagem não pode senão engendrar sérios mal-entendidos. Para

---
[1] *Retractationes* I, 13, 3.

escapar dessas armadilhas, o melhor caminho é expor e discutir algumas das principais assimetrias que distinguem o islã do cristianismo.

Ambas as tradições pertencem à categoria dos monoteísmos semitas de origem abraâmica; elas comungam, portanto, de uma série de idéias-chave. Entre elas, a da existência de uma Verdade essencial, perene e universal que não se modifica segundo as contingências históricas e sociais. A da existência de uma Divindade única, criadora do universo e de tudo que nele há, incluindo os homens. A da onipotência e onisciência deste Deus único. A idéia do propósito profundo da existência humana, incluindo o sentido espiritual do sofrimento. A idéia da necessidade da prática das virtudes, especialmente a humildade e a generosidade. As religiões compartilham também a concepção da imortalidade da alma e, portanto, de um "mundo vindouro" no qual os atos e intenções dos homens serão premiados ou punidos, incluindo aí a indiferença diante do sagrado. Não obstante todas essas equivalências no que diz respeito a seus fundamentos intelectuais e espirituais, há assimetrias que devem ser levadas em conta nas duas religiões.

Uma das mais importantes se refere às suas respectivas estruturações internas. Enquanto o islã possui uma dimensão exotérica (exterior e institucional) claramente estabelecida desde os primórdios da revelação — é a *Charia*, a lei islâmica —, o cristianismo não apresenta tal "marca de nascença" exotérica ou legal. Ou seja, Jesus não trouxe, como Moisés e Maomé, uma lei social, mas sim doutrinas e preceitos espirituais. No *Sermão da Montanha*, síntese inspirada de toda a mensagem cristã, Jesus ensina: "*Não penseis que vim abolir a Lei ou os profetas; não vim abolir, mas levá-la à perfeição. (...) Ouviste o que foi dito: dente por dente e olho por olho, eu, porém, vos digo, não resistais ao malvado. Se alguém vos bater na face direita, oferecei também a esquerda (...).*"

Essa dimensão exotérica, ausente nos primórdios da tradição, foi posteriormente incorporada, mas como um acréscimo advindo da legislação romana ou consuetudinária. Ou seja, a tradição cristã não possui em princípio uma "lei revelada", como é o caso tanto da *Charia* muçulmana como da lei mosaica.

No islã, ademais, as dimensões esotérica e exotérica estão claramente separadas e delimitadas. O lado exterior é obrigatório para todos os fiéis e constitui a condição *sine qua non* da salvação. René Guénon definiu o exoterismo como *aquilo que é obrigatório para todos, sem distinção*. A lei islâmica estabelece como o fiel deve agir nas situações da vida social, moral e religiosa. Já o aspecto interior ou esotérico está consolidado no sufismo, o qual não é obrigatório a todos os fiéis e se dirige apenas àqueles com vocação contemplativa. A *Charia* é a lei da ação; o sufismo, a lei da contemplação.

Para ter acesso às doutrinas metafísicas e às práticas espirituais do sufismo, o muçulmano tem de estar apto a demonstrar qualidades intelectuais e morais capazes de fazê-lo ser aceito por um mestre espiritual autenticamente comprovado pela *silsilá* (espécie de "árvore genealógica" do esoterismo, ou "cadeia de mestres legítimos", assemelhada à "sucessão apostólica" do cristianismo). O sufismo inclui práticas suplementares que não são exigidas do fiel exotérico. Enquanto a música e a dança, por exemplo, são vistas com desconfiança ou mesmo proscritas pelo exoterismo, o esoterismo islâmico delas se utiliza como suportes contemplativos, por exemplo na confraria Mevlevia, dos "dervixes rodopiantes", cuja origem remonta a Rumi, no século XIII.

Na tradição cristã, as coisas se dão de outro modo. Não há uma separação claramente estabelecida entre os domínios exotérico e esotérico, os quais estão como que "fundidos" pela religião. O cristianismo não possui este código religioso legal que nasceu com a religião muçulmana e que constitui a legislação moral e social para o fiel.

Outra maneira de explicar esse ponto é considerar, por um momento, judaísmo e cristianismo como dois lados de uma mesma entidade religiosa, o primeiro representando a dimensão exotérica ou da "ação" (em razão da centralidade da lei mosaica, com suas diversas prescrições), e o segundo representando a dimensão esotérica ou da "contemplação" ("a letra mata, o espírito vivifica"). Um sacramento como a comunhão cristã, por exemplo, deriva claramente da dimensão esotérica; compartilhar do "banquete eucarístico", em que se participa do "corpo" e do "sangue" da Divindade, é estar presente num sacramento iniciático, dado que acessível somente àquele previamente iniciado nos mistérios de determinada religião. Mas, como marca significativa de sua originalidade, no cristianismo, todo fiel tem em princípio acesso a esse rito, algo que em outras religiões estaria restrito a seus iniciados. Constatamos, dessa maneira, uma clara variação nas economias espirituais das duas tradições monoteístas.

O termo "esoterismo" pede uma explicação suplementar, para que não seja confundido com o mero ocultismo. Em seu sentido original, ele se refere a algo interior, profundo e em certa medida reservado àqueles que têm vocação e interesse. Esse é, aliás, seu significado etimológico, derivado do grego, e utilizado por metafísicos como Platão e Aristóteles. Esoterismo refere-se a uma doutrina e a uma prática de fundo prioritariamente sapiencial, realçando o aspecto do conhecimento espiritual — não puramente livresco, está claro.

Uma segunda assimetria importante entre as economias espirituais do cristianismo e do islã se refere ao lugar específico que os campos teológico, apostólico e político ocupam nas respectivas religiões. Enquanto o cristianismo somente incorporou o campo propriamente político ao molde religioso depois de mais de três séculos de existência (com o famoso Édito de Milão, de 313, por parte do imperador Constantino, que o tornou *religio licita*)[2] — e mesmo assim como uma sorte de "apêndice profano", como diz Schuon,[3] com a política nunca organicamente integrada ao molde religioso —, no islã, ao contrário, a esfera política surge de forma concomitante à apostólica e está incorporada completamente ao molde da religião. A visão islâmica da organização da sociedade é parte integrante da perspec-

---

[2] Religião "permitida" ou "legal".
[3] Ver o seu *Christianity/Islam: Essays in Esoteric Ecumenism* (1985), especialmente o capítulo "Images of islam".

tiva religiosa; o social e o político de certa maneira fazem parte, pois, da religião.

Em outras palavras, enquanto o Cristo ensina que Seu reino "não é deste mundo", legando, por conseqüência, uma visão do campo político como algo estrangeiro à essência da religião, o islã encara a política como uma esfera quase intrínseca à religião. No cristianismo, é forte e persistente a concepção de que santos ou místicos não são vitoriosos neste mundo, que eles devem, de fato, rejeitar e se afastar do mundo, e que seu reconhecimento se dá no mundo vindouro; o sofrimento e o sacrifício constituem um aspecto essencial do legado do fundador mesmo da religião, e os cristãos vêem em geral com estranheza um fundador de religião, como Maomé, ter sido bem-sucedido nos embates do mundo.

Frithjof Schuon tem algo apropriado a dizer sobre isso:

> *Para o ocidental, e sem dúvida para a maioria dos não-muçulmanos, Cristo e Buda representam perfeições imediatamente inteligíveis e convincentes; em contrapartida, o profeta do islã parece complexo e desigual, não se impondo como um símbolo fora de seu universo tradicional. A razão disso é que, ao contrário do que sucede com Cristo e o Buda, sua realidade espiritual aparece envolta por certos véus humanos e terrestres, e isso em razão de sua função de legislador 'para este mundo'; ele aparenta-se assim aos outros grandes reveladores semitas, Abraão e Moisés, e também a Davi e Salomão (...). Tal fato permite-nos assinalar uma*

distinção fundamental: não há somente os reveladores que representam exclusivamente o 'outro mundo', há também aqueles cuja atitude é ao mesmo tempo divinamente contemplativa e humanamente combativa e construtiva.[4]

Quanto aos califas (os primeiros líderes do islã nascente), eles exerceram simultaneamente a função de missionários religiosos e de forjadores políticos de um império. Em uma mão, levavam o Corão; na outra, a espada. Eles não se moviam, como os apóstolos do Cristo, ao abrigo de um império já constituído e estabilizado. Pedro, Paulo e os demais apóstolos raramente tinham de levar em estrita consideração aspectos da ordem econômica, social e política, pois isso cabia ao César romano. Podemos especular que, se Paulo tivesse sido um apóstolo do islã, não teria tido alternativa senão carregar numa mão o livro e na outra a espada. Sem os contornos de um império como o romano, o "apóstolo das gentes" teria tido imensa dificuldade somente para se deslocar de um lugar para outro, sem as estradas romanas e a relativa segurança de que se podia desfrutar nesses deslocamentos. Nos desertos da Península Arábica do século VII, dificilmente um peregrino sobreviveria desarmado.

Do islã, assim, pode-se dizer que integra a esfera política, organicamente, no quadro geral da religião, apresentando, desse modo, uma dimensão propriamente política, a qual existe desde seus primórdios. No cristianismo, a esfera políti-

---

[4] SCHUON, Frithjof. *Para compreender o islã*. Rio de Janeiro: Nova Era, 2006.

ca só foi incorporada bem mais tarde e de forma circunstancial, e mesmo assim como que à parte da dimensão religiosa em si, como uma espécie de complemento mundano.[5]

Se, no islã, as esferas apostólica e política caminham juntas, no cristianismo isso se dá com as esferas apostólica e teológica. Paulo foi simultaneamente apóstolo notável e notável teólogo, na verdade o primeiro grande formulador da nova teologia. No islã, a esfera teológica surge apenas mais tarde, após a consolidação da nova civilização.

No islã, como na maior parte das religiões, a Mensagem é tudo; no cristianismo, é o Mensageiro que tem prioridade.

O ponto de partida do islã não é o amor de Deus, como é no cristianismo, mas sim a obediência à Lei revelada (*Charia*). Enquanto o cristão diz: "Ama a Deus" e, em conseqüência, obedece a seus mandamentos, o muçulmano dirá: "Obedece à Lei" e, se Deus quiser, até o ponto de chegar a amá-Lo.

O islã baseia-se num livro, o Corão, tido pela teologia como simultaneamente criado e incriado ("O Verbo se fez Livro"); o cristianismo baseia-se numa pessoa, a figura simultaneamente divina e humana de Jesus Cristo ("O Verbo se fez carne").

O islã enfatiza a natureza essencial de Deus, a verdade de Deus, enquanto o cristianismo enfatiza a humanidade divina do Cristo, a Presença de Deus no meio dos homens.

No islã, Deus não se manifesta em forma humana, Ele torna conhecido o que é e o que Ele quer.

---

[5] Para uma exposição aprofundada dessa importante questão, veja-se o já citado *Christianity/Islam*, de Frithjof Schuon.

O cristianismo se apresenta como uma "novidade", ao passo que o islã, como uma restauração da religião primordial e do monoteísmo primordial; o islã exclui *a priori* o culto da novidade. No islã o que predomina é a restauração de uma idéia antiga e perene; ele efetua o retorno ao "pacto primordial" do homem com Deus e à verdade essencial; sua concepção é a-histórica e circular; não depende de um fato histórico único, como o cristianismo. Essa é pelo menos a visão dominante na teologia cristã convencional, mas, como a epígrafe que abre este capítulo indica, sempre houve aqueles que, como Santo Agostinho, expuseram outra visão. A esse respeito, arrisco-me a dizer que o autor das *Confissões* e de *A cidade de Deus* apresentou, séculos antes do advento do islã, uma visão "islâmica", ou "platônica", do cristianismo.

"O islã perpetuou até nossos dias o mundo bíblico", escreveu Schuon,[6] "o qual o cristianismo, uma vez europeizado, não podia mais representar. Sem o islã, o catolicismo teria rapidamente invadido todo o Oriente Próximo, o que teria significado a destruição da Ortodoxia e das outras Igrejas do Oriente e a romanização — portanto, a europeização — de nosso mundo até os confins da Índia; o mundo bíblico estaria morto. Pode-se dizer que o islã teve o papel providencial de deter o tempo — de excluir a Europa, portanto — na parte bíblica do globo e de estabilizar, universalizando-o, o mundo de Abraão, que foi também o de Jesus.

---

[6] "Quelques aperçus sur le phénomène mohammédien", in *Forme et substance dans les religions* (1975). A versão em inglês desse livro magnífico é *Forme and Substance in the Religions* (2002).

Com o judaísmo tendo emigrado e se dispersado, e o cristianismo tendo sido romanizado, helenizado e germanizado, Deus se 'arrepende', para empregar o termo do Gênesis, desse desenvolvimento unilateral e suscita o islã."

Para finalizar, vale lembrar que o islã ainda constitui em grande medida uma civilização tradicional, para a qual o "mundo vindouro" como que toma precedência sobre o mundo terreno; este último tira seu valor como "ponte" para o "mundo real", não tendo um valor absoluto em si mesmo. Desnecessário dizer o quanto a *Weltanchauung*[7] do mundo moderno difere dessa cosmovisão; entre nós, o mundo terreno — o do tempo, do espaço e do número — constitui um quase absoluto. Para a mentalidade moderna, a perspectiva do além é indiferente; seu foco é, decididamente, este mundo.

---

[7] "Visão de mundo."

CAPÍTULO 5

O Corão e a Bíblia

> "*Os melhores amigos dos muçulmanos
> são aqueles que dizem:
> 'Somos cristãos.'
> Isso porque há sacerdotes e monges
> entre eles e porque não são orgulhosos.*"
> CORÃO 5: 82.

Outra fonte quase inexaurível de confusão e mal-entendidos sobre o islã é seu livro sagrado, o Corão. O Ocidente foi forjado religiosa e culturalmente pela Bíblia, e o ocidental incorpora com grande dificuldade as profundas diferenças de abordagem entre a Bíblia — Novo e Antigo Testamentos incluídos — e o Corão. Não é possível ler a Escritura islâmica partindo da mesma perspectiva que temos ao ler os livros sagrados judaico-cristãos.

Para começar, vale ressaltar que o Corão constitui o eixo fundamental em torno do qual todo o islã gira; ele constitui a própria revelação islâmica. Se no cristianismo o "Verbo de Deus se fez carne", no islã o "Verbo se fez livro".

O Corão (termo que significa "recitação" em árabe) contém as verdades e os direcionamentos essenciais que moldam a vida dos muçulmanos. O Livro é a fonte por excelência de conhecimento metafísico e místico; é também base do código de comportamento ético, moral e social. Trata da ordem divina e de suas qualidades, da vida e dos ensinamentos dos diversos profetas, começando com Adão, concluindo com Maomé, e incluindo Noé, Abraão, Moisés, João Batista e Jesus. Ou seja, os profetas pré-islâmicos têm lugar de destaque no Texto sagrado, com seus nomes repetidas vezes citados e suas histórias narradas.

Acontece até de determinado místico, ainda no interior da moldura religiosa muçulmana, vincular-se simbolicamente a um desses mensageiros anteriores a Maomé. Do *cheikh*[1] Armad al-Alawi (1869-1934), por exemplo, dizia-se que era um sufi *issawiah*, isto é, ligado a *Seyedna Issa*, o "Senhor Jesus", considerado no islã como a personificação mesma da santidade e da interioridade.

O Corão contém a base da lei islâmica, a *Charia*, que regula a vida dos fiéis estipulando desde as regras de herança e de divórcio até o comportamento na rua e na mesquita. Suas 114 suras (ou capítulos) não estão agrupadas por tema, nem em ordem cronológica; curiosamente, estão arranjadas de acordo com sua extensão, ou seja, as suras mais longas estão no início do volume e as mais curtas o encerram. A exceção é a *Fátiha*, o capítulo de abertura, o qual diz sucintamente:

---

[1] *Cheikh*: essa grafia traduz melhor a sonoridade do termo árabe do que "xeque", usado tanto pelo *Novo dicionário Aurélio da língua portuguesa* como pelo *Dicionário Houaiss da língua portuguesa*.

Em nome de Deus, Clemente, Misericordioso.
Louvado seja Deus, Senhor do Universo, o Clemente, o Misericordioso, Soberano do Dia do Juízo. Só a Ti adoramos e só de Ti imploramos ajuda!
Guia-nos na senda reta, a senda dos que agraciastes, e não a dos abominados, nem a dos extraviados.

Entre as Escrituras Sagradas da humanidade, não há dúvida de que o Corão é das mais universalistas e pluralistas. "*Não há imposição em matéria de religião*", diz o famoso versículo 256 da sura 2. E no que toca aos cristãos, diz:

> *E Nós* [Deus] *enviamos também Jesus, filho de Maria, a quem concedemos o Evangelho e infundimos compaixão e clemência nos corações daqueles que o seguem* (sura 57: 27).

Vale ressaltar que, para os muçulmanos, o valor do Corão não está apenas em seu conteúdo, mas também em sua forma e sonoridade. Como os Salmos de Davi, o texto do Corão é recitado em voz alta pelos fiéis. A intenção aqui é "assimilar", auditiva e sensorialmente, o poder espiritual (*baraca*) da Palavra Divina (*Kalimatu 'lâh*) ecoada no Livro. Para o muçulmano piedoso, a simples recitação concentrada do texto árabe pode levar a um estado contemplativo de lembrança de Deus e de esquecimento do mundo e do ego.

5.1 Diferenças de perspectiva entre as Escrituras

Os acontecimentos e ensinamentos narrados nas escrituras judaico-cristãs se desenrolam diante de nós com certa seqüência e linearidade, propiciando uma compreensão relativamente direta e imediata de seu conteúdo. Como livro eminentemente histórico e indiretamente doutrinal, sobretudo no Novo Testamento e no Pentateuco, poder-se-ia dizer que, metaforicamente, o conteúdo da Bíblia passa diante de nós como um rio; é como se estivéssemos sentados à sua margem, vendo as águas correrem.

Há uma inteligibilidade imediata; percebe-se claramente que há um começo, um meio e um fim inerentes ao texto bíblico. A Bíblia começa com o livro do Gênesis, que faz a narrativa da criação do mundo, das diversas espécies de animais e, no "sexto dia", do homem. O livro avança com as sagas dos diversos profetas, do povo judeu no Egito, até o ápice representado pela revelação transmitida a Moisés no alto do monte Sinai. Alcança, já no Novo Testamento, seu cume com o advento e a paixão do Cristo e conclui com o livro do Apocalipse, o fim do mundo e a Segunda Vinda.

Temos aí uma narrativa conseqüente que inclui Adão e Eva, a árvore do bem e do mal, a proibição divina de comer de seus frutos, a desobediência humana, a expulsão do Éden. Em seguida, o assassinato de Abel por Caim, Noé e o dilúvio, a Torre de Babel, Abraão e o monoteísmo primordial.

Vêm em seguida os demais livros do Pentateuco, incluindo Êxodo, Números, Levítico e Deuteronômio, cuja autoria é tradicionalmente atribuída a Moisés. Eles abrangem episódios sacros como as tribulações do povo judeu sob o faraó egípcio, o surgimento de Moisés como líder, a fuga para a Terra Prometida, a passagem milagrosa do mar Vermelho, a subida ao alto do Sinai para receber a Revelação e as Tábuas da Lei. Há ainda as narrativas referentes aos feitos dos profetas, como Ezequiel, Daniel, Isaías, Elias, Eliseu etc. e os livros sapienciais de Salomão (Provérbios, Eclesiastes e Sabedoria), sem esquecer os tocantes Salmos de Davi.

Depois, o Novo Testamento, o nascimento milagroso de Jesus Cristo, as missões de João Batista e de Maria, os quatro evangelhos, as cartas do apóstolo Paulo e o começo da formulação teológica da nova religião, os atos dos apóstolos. Em conclusão, há o livro do Apocalipse, a Segunda Vinda do Messias e a apocatástase.

A Bíblia certamente possui os seus "enigmas" — livros como o Cântico dos Cânticos, o Eclesiastes ou o Apocalipse, para citar apenas três exemplos, propiciam interpretações muito variadas e às vezes conflitantes —, mas no geral há um sentido claramente aparente no livro, um fluxo, um contexto histórico que situa para o leitor a ação, os ditos, os ensinamentos.

No caso do Corão, a imagem simbólica que se poderia usar para descrever sua recepção é a de uma pessoa situada em uma montanha. É como se, subitamente, essa pessoa, na obscuridade da noite, presenciasse a ocorrência de raios, relâmpagos, clarões, iluminações, ora atingindo parte da montanha, ora seu cume, ora a planície abaixo. Mas não está imediatamente clara a relação entre uma coisa e outra.[2] O Livro não tem, assim, uma inteligibilidade imediata. Ademais, ele é eminentemente doutrinal e indiretamente histórico se comparado com a Bíblia.[3]

---

[2] Essa imagem me foi originalmente sugerida em uma aula do professor S. H. Nasr, da Universidade George Washington (Estados Unidos).
[3] Ver os comentários de Frithjof Schuon no já citado *Sufism, Veil and Quintessence*, especialmente o capítulo "The Exo-Esoteric Symbiosis" (1981).

Daí a necessidade do comentário inspirado e tradicional das passagens do Corão. O Corão é um "livro fechado", dizem os sufis; são os sábios que têm as chaves para abri-lo.

Mais: muitas vezes, dois versículos situados um ao lado do outro se referem a dois contextos completamente distintos, tornando necessária a explicação ou o comentário tradicional para que seu conteúdo seja apreensível.

O estilo corânico também causa certa perplexidade numa primeira abordagem; ele é descontínuo; desigual; redundante; seco — como se a linguagem humana não desse conta da mensagem transcendente sendo transmitida.

O livro dos muçulmanos abarca todos os aspectos e dimensões da existência humana, da pura metafísica à oração jaculatória, das regras para se fazerem negócios até como se comportar no matrimônio. Compreende a legislação básica para eventualidades como um divórcio, a divisão da herança de homens e mulheres, posturas da oração canônica, regras de higiene, combates militares, divisão do espólio etc.

Contrariamente ao ensinamento cristão convencionalmente entendido, o Corão não deixa nada para "César"; tudo está vinculado à ordem divina; não há o conceito de uma dimensão da realidade que estaria fora do alcance do sagrado.

O muçulmano é envolvido do nascimento à morte pelo Corão: ao nascer, seu pai lhe recita a *Charráda* ao ouvido; no leito de morte, litanias são cantadas ao redor do moribundo, fortalecendo-o espiritualmente para a jornada da alma rumo ao mundo vindouro. Ao longo de toda a sua vida, o Corão envolve o muçulmano de todos os lados, a começar pelo canto dos muezins no alto dos minaretes, convocando-os para as orações comuns nas mesquitas.

* * *

Agora é um bom momento para introduzir a idéia do pluralismo religioso do islã. Entre as Escrituras Sagradas da humanidade, o Corão é a mais explicitamente universalista. Na sura 2, versículo 136, vemos um exemplo concreto deste credo universalista:

> *Cremos em Deus, no que foi revelado a Abraão, a Isac, a Jacó e às tribos; no que foi dado a Moisés e a Jesus da parte de Seu Senhor. Não temos preferência por nenhum deles; somos submissos a Deus.*

O conceito dos "povos do Livro" é outra idéia de capital importância; ele estipula que judeus, cristãos e, ainda, hindus são tidos como seguidores de religiões autênticas e que devem ter suas crenças, rituais e costumes respeitados. "*Não odeies nem judeus nem cristãos, mas seu próprio ego*", diz uma tradição sufi. Ibn Hazm, autor do século XI, escreve: "*Põe tua confiança no homem piedoso, mesmo que não seja de tua religião, e desconfia do descrente, mesmo que seja da tua religião.*"

Ibn Hazm escreveu também: "*Todo homem pode ser salvo por sua própria fé, na qual ele nasceu, desde que a conserve fielmente.*" E o mestre sufi Junaid de Bagdá, no século XI, ensinava que as diferentes crenças são como recipientes de cores diversas, mas o conteúdo, a água, é um só.

Para concluir esta seção dedicada ao Livro sagrado muçulmano, cito a seguinte passagem, retirada de *Para compreender o islã*, de Frithjof Schuon, a mais profunda e abrangente obra sobre o islã escrita por um ocidental:

O Corão é, como o mundo, simultaneamente uno e múltiplo. O mundo é uma multiplicidade que dispersa e divide; o Corão é uma multiplicidade que reúne e que leva à Unidade. A multiplicidade do livro santo — a diversidade de suas palavras, sentenças, retratos e histórias — preenche a alma e então a absorve e imperceptivelmente a transpõe para o clima de serenidade e imutabilidade mediante uma espécie de "astúcia" divina. A alma, acostumada ao fluxo dos fenômenos, cede a este fluxo sem resistência; ela vive nos fenômenos e é por eles dividida e dispersada. (...) O discurso revelado tem a virtude de aceitar esta tendência enquanto simultaneamente reverte o movimento graças à natureza celestial do conteúdo e da linguagem, de modo que os peixes da alma nadam sem desconfiança e com seu ritmo habitual para a rede divina. (...) O Corão é, assim, como a imagem de tudo o que o cérebro humano pode pensar e sentir, e é por isto mesmo que Deus esgota a inquietude humana e infunde no crente o silêncio, a serenidade, a paz.

5.2 Jesus Cristo e a Virgem Maria no islã

> *"É reconfortante saber que, por todo o mundo, há milhões de pessoas que, cinco vezes ao dia, lembram-se de Deus."*
> Papa Pio XII (1876-1959)

Um dos quatro grandes profetas do islã, ao lado de Abraão, Moisés e Maomé, Jesus Cristo é visto no Corão como fruto de um nascimento milagroso, dado que sem o concurso de pai humano. Jesus é "Verbo de Deus" (*Kalimatu 'Llâh*), engendrado pelo Espírito divino (*Rûhu 'Llâh*) e insuflado sobre a Virgem Maria. Ele é o "Selo da Santidade universal", o curador dos enfermos e aflitos, o ressuscitador dos mortos e o Messias.

Da perspectiva transcendentalista e rigorosamente monoteísta do islã, não há lugar para um "filho" de Deus; a economia espiritual islâmica exclui a possibilidade da encarnação por parte do Deus único, absoluto e transcendente. Daí a negação da divindade de Jesus Cristo, a despeito da veneração que recebe no islã como enviado de Deus, profeta e Messias.

Quanto à Virgem Maria, constata-se uma profunda e íntima relação dos muçulmanos para com ela. É o único nome de mulher citado em todo o Corão, que lhe dedica toda uma sura — nos Evangelhos, a despeito de sua importância e destaque intrínsecos, Maria poucas vezes é mencionada.

Muçulmanos particularmente devotos da Virgem chegam a fazer peregrinações aos santuários marianos da Europa, especialmente a Fátima, que leva o nome da filha do Profeta e que já foi um local de *Dar el-Islam* (Portugal esteve sob domínio mouro por alguns séculos, até a Idade Média). Éfeso, no sudoeste da Turquia, é outro foco mariano de peregrinação para os muçulmanos; diz a tradição que, após a crucifixão, Maria partiu de Jerusalém para lá, onde se estabeleceu. Foi a partir de sua morada em Éfeso — na verdade numa localidade próxima, chamada Kusadasi — que se deu a Assunção. Há nessa casa de Maria uma fonte de água milagrosa, utilizada e reverenciada simultaneamente por cristãos e muçulmanos. Trata-se, na verdade, de algo único no mundo, um ponto de peregrinação para adeptos de duas religiões distintas e independentes. Na antiga casa da Virgem em Éfeso, há espaços de oração tanto para muçulmanos como para cristãos.

Maria desfruta de um prestígio insuperável no islã; ela é, esotericamente, a "mãe de todos os profetas", como alguns sufis a consideram. É a única mulher citada na Sura dos Profetas, mesmo não sendo a fundadora de uma religião (é a mãe de um fundador, Jesus Cristo) nem portadora de uma nova legislação sacra.

Ponte e elo entre o islã e o cristianismo, a Virgem Maria pertence *a priori* a este último, mas tem seu lugar no islã, como modelo e exemplo para a mulher muçulmana, como mãe do fundador do cristianismo e, misticamente, como "padroeira" e protetora do esoterismo. Diz o Corão da Virgem:

> *Deus te escolheu e te purificou entre todas as mulheres do universo; ó, Mariam, estejas em oração diante de teu Senhor e prosterna-te e inclina-te com aqueles que se inclinam* (Corão 3: 42-43).[4]

Um *hadith* coloca Maria ao lado de Abraão no Paraíso, em razão do privilégio de ter sido receptáculo do sopro do Espírito divino (*Rûhu 'Llâh*).

---

[4] Para uma abordagem simultaneamente mística e ecumênica da natureza e da função da Virgem Maria tanto no islã como no cristianismo, ver "The virginal doctrine", capítulo de *Form and Substance in the Religions*, de Frithjof Schuon (2002).

CAPÍTULO 6

A mensagem universal do islã

> "Dormindo um dia sob a sombra
> de uma palmeira,
> Maomé despertou repentinamente
> e viu-se na presença de
> um inimigo chamado Du 'thur,
> que tinha uma espada na mão.
> 'Ó, Mohammed, ele disse, quem
> o salvará agora?'
> 'Deus!', respondeu o profeta,
> e Du 'thur de repente ficou paralisado
> e deixou cair a arma.
> Maomé a pegou e disse por sua vez:
> 'Ó, Du 'thur, quem o salvará agora?'
> 'Ninguém!',
> respondeu Du 'thur.
> 'Então aprenda a ser misericordioso',
> disse Maomé baixando a espada.
> Depois, Du 'thur se tornou um
> de seus melhores amigos."
>
> HADITH

O islã, já vimos, está fundado no Corão, livro que a teologia islâmica considera simultaneamente como "criado e incriado". Se no cristianismo a revelação é a figura simultaneamente divina e humana de Jesus Cristo, no islã é o livro simultaneamente criado e incriado do Corão. No cristianismo, o "Verbo de Deus se fez carne"; no islã, ele se fez livro. O Corão inclui as verdades essenciais que moldam a vida dos muçulmanos; é fonte de conhecimento metafísico e místico, base do código de comportamento ético, moral e social. Seus 114 capítulos expõem a doutrina mais universalista entre as Escrituras Sagradas das diferentes civilizações.

Quanto a Maomé, seu lugar no islã é análogo ao de Moisés no judaísmo; é o profeta que recebeu a revelação e a retransmitiu aos homens; é o modelo humano que o muçulmano procura imitar, simbolizando todas aquelas qualidades que o fiel aspira possuir. Ele é o líder supremo, o mestre, o santo, o profeta. É o mensageiro de Deus e o fundador do islã.

Maomé é o modelo acabado de inteligência, força de vontade e caráter para os muçulmanos; se Cristo é o Homem-Deus para os cristãos, Maomé é simultaneamente o "Homem Universal", ou "Homem Perfeito" (*al-insân al-Kamil*) e o "Selo da Profecia", pois com ele se fecha o ciclo das religiões. O islã, assim, sustenta ser a última grande religião a surgir no palco da história — reivindicação que não foi desmentida nos últimos 14 séculos.

Essas colocações podem surpreender alguns leitores, já que não é raro encontrar visões negativas do profeta. Isso se deve em grande medida à desinformação, pois, como notou o escritor e político francês Alphonse de Lamartine (1790-1869):

Se a grandeza do desígnio, a escassez dos meios e a imensidão dos resultados constituem as três medidas do gênio do homem, quem se atreveria a comparar humanamente qualquer grande figura da história moderna com Maomé? (...) Maomé movimentou exércitos, legislações, impérios, povos, dinastias, milhões de homens sobre um terço do globo habitado; mais do que isso, despertou idéias, crenças, almas. Fundou sobre um livro, cujas letras se converteram em lei, uma nacionalidade espiritual que engloba povos de todas as línguas e de todas as raças, e imprimiu, mediante o caráter indelével desta nacionalidade muçulmana, o ódio aos falsos deuses e a paixão pelo Deus uno e imaterial.[1]

Além de espelho para o fiel se mirar em busca de orientação, Maomé é admirado também por ter conseguido harmonizar qualidades espirituais com uma extraordinária capacidade social e política, no sentido mais elevado dos termos, já que foi um dos maiores estadistas que a história conheceu, alguém que, com sua liderança e sua visão de longo alcance, fundou, literalmente a partir do nada, um império mundial — e isso em apenas algumas décadas.

Marcam o islã as seguintes características essenciais: a simplicidade de sua doutrina básica, acessível à média dos homens; a sobriedade e mesmo austeridade de seus costumes e de sua arte; o vigor de sua fé. A religião, de fato, tem como principal pilar o conceito da unidade e da unicidade de Deus; *"Deus é um, Ele é único"*, como os muçulmanos

---

[1] *Histoire de la Turquie* (s/d).

não se cansam de afirmar. Sua profissão de fé, a *Charráda*, afirma a realidade absoluta e transcendente do Divino: "*Não há deus a não ser o único Deus.*" É a *Charráda* a primeira frase dita pelo pai ao ouvido do recém-nascido, é ela também que os novos fiéis têm de recitar para marcar sua adesão à religião. Esse testemunho de fé ecoa igualmente por toda cidade e vila muçulmana, recitado cinco vezes por dia pelos muezins, no alto dos minaretes, ao convocar os fiéis para as orações comuns.

Analogamente ao bloco de pedra que fica no centro da mesquita de Meca, a Caaba — para onde os muçulmanos de todo o mundo se voltam em suas orações diárias —, pode-se dizer que o islã tem uma base e quatro lados. A base é a já referida *Charráda* ("*Não há deus senão o único Deus*"), que se complementa com a menção ao seu profeta: "*E Maomé é o enviado de Deus.*" Os demais pilares do islã, como vimos, são as cinco preces canônicas diárias, o jejum do mês sagrado do Ramadã, o dízimo legal e a peregrinação a Meca.

As preces canônicas, feitas na direção de Meca e tendo como preparação uma ablução (limpeza ritual do corpo), acontecem ao longo do dia: antes do nascer do sol, no meio do dia, no começo da tarde, ao seu final e de noite, preenchendo no total menos de meia hora. Nas orações, os fiéis adotam quatro posturas básicas: de pé, sentados, prostrados e inclinados. Essas orações incluem a recitação da *Fátirra*, de outros trechos do Corão, além de pedidos de perdão e de louvor a Deus. *Allah hu' Akbar* ("Deus é grande") é uma exclamação constante das preces canônicas. Além delas, obrigatórias para todos os muçulmanos, o islã ensina também a prática do *dhikr*, ou invocação do Nome divino. Trata-se na verdade de um método espiritual universal, pois seus princípios são encontrados no budismo (no *Nembutsu*, ou "lembrança do Buda"), no hinduísmo (a repetição da "fórmula sagrada", o *mantra*) ou no cristianismo (a "prece de Jesus"). "*Lembrai-vos de Mim e Eu* [Deus] *Me lembrarei de vós*", diz o Corão (sura 2, 52).

O jejum do mês sagrado do Ramadã é particularmente rigoroso: implica abstenção total de líquidos e alimentos sólidos, do raiar ao final do dia, e isso durante todo o mês lunar (28 dias). O dízimo (*zakat*) é obrigatoriamente doado aos necessitados e representa 2,5% dos rendimentos líquidos do fiel ao longo do ano. Quanto ao *Haj*, a peregrinação a Meca, deve ser feito pelo menos uma vez na vida, se as condições físicas e materiais do fiel assim o permitirem.

Os "cinco pilares" do islã têm as seguintes explicações simbólicas:

A *Charráda* afirma a absoluta realidade de Deus e o caráter apenas relativo — ou "menos real" — de tudo aquilo que não é Ele. Realiza, portanto, o discernimento fundamental entre o absolutamente real e o relativamente real, que se revela no final das contas ilusório do ponto de vista do Absoluto e do Infinito.

As orações canônicas diárias — e também o *dhikr* — representam uma libertação das preocupações mundanas do dia-a-dia. Cinco vezes ao dia o homem se afasta do relativo, do passageiro e do evanescente e se volta para o Absoluto, o Eterno, o Duradouro.

O dízimo é um sacrifício que cada qual tem de fazer em benefício do próximo; atualiza o combate contra o egoísmo e afirma a solidariedade. É simbolicamente, como disse Schuon, um "jejum da alma".

O jejum, de sua parte, é como um "dízimo do corpo"; é outro tipo de sacrifício, no qual o fiel se abstém voluntariamente de alimento para se fortalecer espiritualmente; esse jejum corporal serve de preparação para uma abstenção mais importante, o "jejum da alma", ou seja, a luta contra o orgulho e o egoísmo. Imposto igualmente a ricos e pobres, o jejum do Ramadã tem, assim, um alcance social, estimulando a solidariedade entre toda a comunidade.

O sentido simbólico da peregrinação é o retorno ao centro e à origem da religião, representados pela Caaba em Meca.

Quanto à *jihad*, é preciso recordar que o combate mais importante é o interior, envolvendo a luta contra as paixões quase naturais ao homem, como o egoísmo e o orgulho. A luta externa é secundária em relação a esta e pressupõe condições como a defesa da fé e a não-agressão a civis. Não se trata de *jihad* se o combate é pela glória pessoal, ou por mero interesse material, ou ainda por ódio ideológico ou racial. Diz o Corão: "*Lutai na via de Deus contra aqueles que vos atacam, mas nunca comeceis as hostilidades. Deus não aprecia os agressores*" (sura 2, 190).

O islã inclui, além dos "pilares", algumas práticas que o caracterizam, como as proibições à ingestão de bebidas embriagantes e carne de porco, à participação em jogos de azar e à utilização de figuras humanas e animais na arte religiosa. O conjunto dessas práticas, prescrições e regras constitui a *Charia*, a lei islâmica. Baseada no Corão e na *Suna* (usos e costumes do Profeta, como codificados nos *Hadith*), a *Charia* abarca todos os aspectos da vida do muçulmano, individuais, familiares e sociais.

Etimologicamente, a palavra *Charia* deriva do árabe "caminho"; é a senda que, segundo a tradição, leva à felicidade, temporal e espiritual. Curiosamente, a dimensão mística do islã apresenta o mesmo simbolismo de "caminho". De fato, o sufismo, a mística islâmica, funda-se nas *turuq* (singular: *tarica*), que são as confrarias místicas que remontam à Idade Média e até hoje exercem considerável influência na vida dos povos de *dar el-Islam* (o mundo islâmico). No Ocidente, a *tarica* ("via espiritual") mais conhecida é a dos "dervixes rodopiantes", originários da Turquia. Essa ordem foi fundada por um dos grandes místicos do islã, Jalal ad-Din Rumi (1207-1273). Outra fraternidade muito influente é a *Shadilliyia-Darqawiah*, fundada no Magrebe ainda na Idade Média. O principal exercício espiritual dos sufis é o já referido e universal *dhikr* — lembrança, recordação, ou invocação de Deus.

A expansão histórica e geográfica do islã foi fulminante, sobretudo se comparada com a lenta progressão do cristianismo. Se tomarmos como ponto de referência o início do calendário islâmico, assinalado pela Hégira (a migração do Profeta de Meca para Medina), no ano 622 d.C., constataremos que, já no ano 637, ou seja, 15 anos após a Hégira e apenas cinco anos após a morte de Maomé, o califa Omar (seu segundo sucessor à frente da comunidade muçulmana) entrava triunfalmente em Jerusalém e reivindicava para o islã toda a Palestina e região.

Menos de um século depois disso, o islã já tinha avançado até as fronteiras da China. Na direção do Ocidente, os muçulmanos cruzaram o estreito de Gibraltar em 711, ocupando a Península Ibérica já em 712. Todo o norte da África, do Egito ao Marrocos, estava sob seu domínio então. O avanço rumo ao coração da Europa foi detido por Carlos Martel, em 732, na célebre batalha de Poitiers, na França.

Na Península Ibérica, o islã permaneceu por oito séculos, até a queda de Granada, na Andaluzia, em 1492. Isso significa que, num período inferior a um século desde a morte de seu fundador, nos confins dos desertos da antiga Arábia, o islã já se estendia dos Pirineus, na fronteira da Espanha com a França, ao Himalaia, na fronteira da Índia com a China.

Do ponto de vista da alocação geográfica, percebe-se que o islã se concentra hoje em dois continentes, Ásia e África. Ocupa *grosso modo* a porção centro-oriental do globo terrestre, estendendo-se do Marrocos, no seu extremo ocidente, passando pelo Oriente Médio, Península Arábica, Irã, Afeganistão, Paquistão, parte da Índia, Bangladesh, oeste da China e saltando até alcançar o arquipélago de Malásia e Indonésia, no sudeste da Ásia.

A Ásia congrega atualmente cerca de 800 milhões de muçulmanos. No continente africano, o islã reúne mais de 300 milhões de seguidores. O islã não é mais uma "religião dos árabes", que representam atualmente uma pequena parcela do universo total de 1,2 bilhão de muçulmanos no mundo. Além da totalidade do norte da África, de porções consideráveis da África subsaariana e do sul asiático, o islã conta hoje com dinâmicos bolsões no coração da Europa ocidental, incluindo expressivas comunidades na Grã-Bretanha, França, Alemanha, Bélgica, Holanda e Espanha, sem falar da presença secular nos Bálcãs, iniciada na época do Império Otomano, ao final do século XV. Estima-se em cerca de 30 milhões o número de muçulmanos na Europa.

No Brasil, a população islâmica é de cerca de 1,5 milhão de almas, presentes sobretudo nos estados de São Paulo, Paraná e Rio Grande do Sul. Argentina e Venezuela são outros importantes centros na América Latina. Quanto aos Estados Unidos, estima-se em mais de 5 milhões os muçulmanos lá vivendo atualmente.

Ainda assim, apesar de toda esta história, basta o termo "islã" ser pronunciado para que toda uma série de imagens polêmicas venha à mente. Fanatismo, intolerância, radicalismo são algumas delas. Mas essa dimensão negativa se explica, como vimos, pela atuação, no fundo antiislâmica, de movimentos militantes extremistas — que usam desavergonhadamente o nome da religião para seus fins particulares. Diferentemente desse fanatismo irracional, o islã tradicional valoriza antes de tudo a inteligência objetiva e imparcial, a qual encara o conhecimento das coisas do mundo e do homem como uma forma privilegiada de entender os sinais de Deus no universo. O islã tradicional sempre nutriu grande interesse e consideração pelo conhecimento; os muçulmanos foram, de fato, os grandes responsáveis pelo resgate da sabedoria antiga durante a Idade Média. Os sábios muçulmanos de então foram os responsáveis por traduzir e transmitir ao Ocidente a sabedoria de Pitágoras, Platão e Aristóteles. Para o islã — como para toda religião tradicional e intrinsecamente ortodoxa —,[2] o conhecimento é sagrado e constitui o elemento essencial de sua universalidade.

---

[2] Dizemos "intrinsecamente ortodoxa", segundo a fórmula originalmente proposta por Frithjof Schuon, porque, "extrinsecamente", as religiões diferem entre si e cada uma delas se considera, de forma exclusiva, como a única detentora da verdade integral e dos meios de salvação. Desse modo, para o cristianismo, o islã é heterodoxo, assim como, para o hinduísmo, o budismo é heterodoxo. Mas essas tradições são *intrinsecamente ortodoxas*, pois têm em comum elementos metafísicos essenciais e visão convergente da espiritualidade. Ademais, não se pode avaliar objetiva e integralmente uma religião com os critérios de outra.

CAPÍTULO 7

O sufismo frente ao fundamentalismo

*"Os santos são como a terra,
que não responde às pedras
que lhe são lançadas,
mas apenas nos oferece as suas flores."*

PROVÉRBIO SUFI

*"Se um de meus amigos ou companheiros
está em perigo, eu o salvarei,
esteja neste mundo ou no outro.
Pois meu cavalo está selado e meu arco retesado
para a proteção de meus companheiros e amigos,
mesmo que eles não estejam conscientes disso!"*

ABD AL-QADIR AL-JILANI

Para os contemplativos e místicos, o sufismo é o coração do islã. Por isso mesmo, não é facilmente perceptível ao olhar superficial e apressado. Por um lado, o sufismo se vale de uma abordagem mais profunda e universal da religião do que a visão convencional; por outro, pode às vezes entrar em choque com esta última, justamente por se identificar mais ao espírito do que à letra. Por essa razão, o sufismo tem sido o principal pilar de resistência ao extremismo militante no mundo muçulmano. Essa "batalha" pelos corações e mentes do islã poderia ser representada por títulos como "Profundidade *versus* superficialidade", ou "Interioridade *versus* exterioridade", com o primeiro desses termos simbolizando o sufismo, e o segundo, o extremismo militante.

Historicamente, na Península Arábica dos séculos XVIII e XIX, as "capelas" sufis (*záuias*), as tumbas dos santos e os próprios sufis foram o principal alvo dos puritanos wahabitas. Estes chegaram a ameaçar destruir o santuário do próprio profeta Maomé, em Medina, um dos locais mais sagrados e reverenciados pelos muçulmanos de todo o mundo, que a ele se dirigem em peregrinação. Foi a muito custo que foram demovidos desse intento insano. Mas não pouparam da destruição os túmulos da filha do Profeta, Fátima, e também o do imã Hussein, filho de Fátima e do califa Ali, no atual Iraque.

O sufismo possui uma base metafísica comum com a religião geral, comportando, contudo, interpretações mais profundas desse legado comum, bem como certas práticas diferenciadas. Maomé é simultaneamente o fundador da religião comum e do sufismo; ele é de fato o iniciador de todas as silsilás ("árvores genealógicas") das confrarias místicas, ou *turuq*.

O termo "sufi" possui uma etimologia algo misteriosa e controvertida, mas a visão mais razoável e aceita diz que ele deriva de *suf*, lã em árabe. Isso porque os primeiros místicos costumavam usar roupas desse tecido; na verdade, a associação da espiritualidade com a lã vem desde o Corão, que retrata Moisés subindo ao Sinai vestindo um traje de lã. Há também uma associação com o termo *safa*, que significa "pureza", mas não é sem polêmica que isso é aceito. Alguns autores apontam ainda para uma associação com o termo grego *sophia*, sabedoria.

Sem dúvida, o sufismo constitui o principal adversário da visão militante no mundo do islã. O fundamentalismo de tipo wahabita, originário da Península Arábica do século XVIII, confronta a mística a partir do *interior* mesmo da religião e em nome do passado (de determinada concepção de passado, está claro); desconfia da mística; tem visão superficial, literalista e propriamente fundamentalista — no sentido de um retorno aos "fundamentos" do islã, entendidos, certamente, de maneira estreita.

O wahabismo adquiriu o destaque que hoje tem graças ao imbricamento de uma corrente teológica puritana com um movimento político, liderado pelo chefe tribal Ibn Saud (de onde vem o adjetivo "saudita"). Trata-se, portanto, de um movimento político-religioso que prega um retorno estrito à "pureza primitiva" do islã — como se fosse possível, por exemplo, uma árvore com inúmeros galhos "retornar" a ser o que era numa fase prévia, em que só havia a raiz ou o tronco...

Só aceita o Corão e a Suna do profeta, interpretados o mais literalmente possível; todo o restante é *bid'a* (inovação, heresia). O puritanismo wahabita tem sido particularmente agressivo para com o sufismo; destruiu seus centros, santuários e focos de peregrinação. Chegou até mesmo a proibir a utilização do rosário, sob o argumento de que o Profeta não o usou para fazer suas orações. A isso cabe responder que o Cristo tampouco se valeu de um rosário, mas que muitos dos santos da Igreja dele fizeram uso, já que contribui para fixar um ritmo para a oração e é útil na concentração, especialmente quando se leva em conta um período prolongado de meditação.

Os puritanos procuram explicar a perseguição aos sufis e a destruição de santuários dizendo que, no islã, a devoção somente é permitida à Divindade, desprezando, portanto, a idéia do poder de intercessão dos santos. Do mesmo modo, a interpretação simbólica do Corão seria "descrença"; eles se atêm à exegese rigorosamente literal. As mesquitas têm de ser simples, praticamente sem decoração.

A ideologia puritanista despreza o legado e as conquistas filosóficas, místicas e artísticas que acompanham a civilização islâmica ao longo dos séculos. O fundador do movimento, Abdel Wahab (1703-1792), propôs uma "volta" literal e algo mecânica ao islã "primitivo", dos primeiros dois ou três séculos. Seus seguidores são refratários a todo tipo de simbolismo.

7.1 Os Irmãos Muçulmanos

Queremos agora chamar a atenção para uma inter-relação não somente entre o estabelecimento de movimentos fundamentalistas e o crescimento de sua influência no seio das sociedades islâmicas — como reação ao colonialismo europeu e à influência ocidental em geral —, mas também como reação à crescente influência do sionismo na Terra Santa.

Os Irmãos Muçulmanos, ou Irmandade Muçulmana, organização particularmente imbuída de radicalismo político, foi fundada no Egito, em 1928, por um professor primário, Hassan al Bana (1906-1949). Um dos marcos do fundamentalismo militante, esse grupo corresponde, de certa forma, a uma reação voluntariosa à crescente ameaça estrangeira na Palestina então ocupada pelos britânicos. É também um exemplo da extrema politização da religião. Contrariamente ao islã tradicional e aos ensinamentos do Corão, Bana pregava a "guerra santa" também contra judeus e cristãos. Os Irmãos Muçulmanos servem de modelo para muitos grupos militantes que surgiram depois.

Em 1949, apenas um ano após a criação de Israel, os Irmãos Muçulmanos já tinham mais de meio milhão de membros e cerca de duas mil "células" espalhadas pelo mundo árabe. Em janeiro de 1949, a organização foi responsabilizada pelo assassinato do primeiro-ministro egípcio, Mahmud al-Nuqrashi. Ela tem aguda importância por servir de modelo a muitos grupos que surgiram depois; Osama bin Laden, por exemplo, foi influenciado pela ideologia de politização extremista do islã exemplificada pelos Irmãos Muçulmanos quando estudante universitário na Arábia Saudita.

7.2 De fatalista a fanático

Abro agora um parêntese para comentar um aspecto curioso da questão: como explicar a abrupta e repentina transformação da imagem convencional do muçulmano no Ocidente? Na literatura ocidental, até o início do século XX, o muçulmano era retratado como um "fatalista" e um "passivo", sendo esses termos justamente os mais usados para falar do islã. Subitamente, sem estágios intermediários, de "fatalista" o muçulmano se tornou um perigoso "fanático"![1]

Até a metade do século passado, havia a crítica, dirigida ao mundo islâmico em geral, de "passividade", "indiferença" e "conformismo". Nas derradeiras décadas, contudo, isso se transformou radicalmente para "agressividade", "fanatismo", "intolerância". As causas, a nosso ver, devem ser buscadas na própria cultura ocidental, em que parcelas elitizadas de gerações de jovens muçulmanos foram formadas, seja na Europa, seja nos Estados Unidos. É plausível sustentar que, ao menos em parte, "agressividade" e "intolerância" foram transmitidas aos jovens muçulmanos nas sisudas classes universitárias que têm freqüentado, em Princeton, Harvard, Sorbonne, Berlim ou Cambridge, especialmente com sua ênfase em ideologias políticas modernas como o nacionalismo e na doutrinação marxista e "terceiro-mundista". Por paradoxal que possa parecer, a conclusão é que o moderno Ocidente é em parte responsável pelo "fanatismo" dos jovens muçulmanos! Como ensina o grande Ibn Khaldun, os vencidos tendem sempre a adotar os ideais e costumes dos vitoriosos.

---

[1] Esse tema foi sugerido por nosso amigo Alberto Queiroz, estudioso das religiões e tradutor da Filosofia Perene. Segundo Schuon, o "fatalismo" muçulmano, cuja legitimidade se acha corroborada pelo fato de que está em perfeito acordo com a atividade — a história está aí para provar isto —, é a conseqüência lógica da concepção fundamental do islã, segundo a qual "tudo depende de Deus e a Ele retorna". *Para compreender o islã*, capítulo "O Corão e a Suna".

7.3 O Talibã

No Afeganistão do Talibã, as confrarias sufis constituíram a principal resistência organizada ao intransigente regime. O comandante Massud, o "leão do norte", líder da resistência, era filiado à tarica Naqshbandiyah, uma das mais influentes confrarias de todo o mundo islâmico desde sua fundação, no século XIII; ele foi assassinado por comandos da Al Qaeda.

Outro adversário da mística é o moderno secularismo ocidentalizante. A Turquia de Mustafá Kemal, mais conhecido como Ataturk (o "pai dos turcos"), foi um exemplo disso ao proibir oficialmente, em 1925, o funcionamento das confrarias. A crítica que correntes como o kemalismo turco fazem contra o sufismo parte "de fora", em nome do "futuro" — ao contrário do puritanismo fundamentalista, que o critica "de dentro" da religião e em nome do "passado"; é ocidentalista, modernista, antitradicional.

Outro exemplo de incompreensão ou oposição ao sufismo de parte do moderno secularismo veio da extinta União Soviética — e, de certa forma, ainda sobrevive na Rússia de hoje, ainda que com um furor incomparavelmente menor do que na época de Stalin, quando as turuq foram postas na clandestinidade e seus membros perseguidos e classificados de "parasitas" da sociedade. A resistência à brutalidade comunista na parte asiática ao sul da antiga URSS se deveu em grande medida às confrarias sufis; particularmente na região do Cáucaso, na Chechênia e na Ásia central, as confrarias Naqshbandiyah e Qadiriyah lideraram a resistência. Na Iugoslávia socialista, as záuias foram do mesmo modo suprimidas e seus líderes perseguidos durante a década de 1950.²

7.4 As grandes confrarias místicas

Estabelecidas a partir do século XII, as irmandades místicas propiciaram maior acesso ao legado esotérico do islã, levando a certa "popularização" do sufismo. A primeira das irmandades, a *tarica Qadiriyah*, foi estabelecida em Bagdá, então capital do califado abássida e principal centro intelectual, espiritual e político do mundo islâmico. Seu fundador, Abd al-Qadir Jilani, foi um dos "pólos" do sufismo. Seu santuário, em Bagdá, no Iraque, ainda é, em pleno século XXI, um importante foco de peregrinação para fiéis de todo o globo.

Abd al-Qadir representa, no universo sufi, duas funções capitais: a de diretor de consciências e de professor, daí em certa medida seu tremendo êxito como líder espiritual, que começou com os sermões em Bagdá, muitas vezes dados em praças públicas — os quais eram, aliás, acompanhados atentamente por judeus, cristãos e muçulmanos, todos atraídos pela irradiante *baraca* (influência espiritual) do *cheikh*. Abd al-Qadir inicia, assim, uma nova fase, de difusão mais ampla do legado da mística islâmica.

Ele foi o responsável por elaborar uma famosa lista de "mandamentos" para o sufi, a qual continua valendo para seus discípulos até os dias de hoje:

1. Não falar mal de uma pessoa ausente.

---

² Para mais informações sobre essa questão, ver o nosso *Mística islâmica* (2001).

2. Evitar suspeitar de alguém.
3. Abster-se de fofocar e murmurar.
4. Abster-se de olhar para coisas proibidas.
5. Sempre falar a verdade.
6. Sempre ser grato a Deus.
7. Despender dinheiro ajudando pessoas que merecem ajuda.
8. Abster-se de buscar poder e status mundano.
9. Rezar regularmente.
10. Seguir a tradição e cooperar com os fiéis.

No Magrebe (extremo ocidente de *Dar el-Islam*), a *tarica* mais antiga é a *Shadilliyah*, estabelecida pelo *cheikh* Abul Hassan as-Shadilli, no século XIII. Erudito e dono de extraordinário carisma, exerceu grande influência no seu tempo, a qual continua forte até hoje graças à confraria por ele fundada. A *tarica* foi estabelecida originariamente no norte africano com o objetivo de conduzir à perfeição espiritual aqueles que vivem no mundo e têm uma ocupação profissional. Seus adeptos não costumavam usar, como era costume então, roupas distintas das da sociedade ao redor, e eram estimulados a não abandonar suas profissões, já que o *cheikh* considerava perfeitamente adequado ganhar o próprio sustento e, ao mesmo tempo, seguir a via contemplativa. Para ele, não havia contradição fundamental entre ação e contemplação, desde que a primeira esteja fundada na segunda. Como escreveu o professor Victor Danner,[3]

---

[3] Victor Danner: *Ibn Atta 'Allah's Sufi Aphorisms* (1973, p. 6).

Shadilli ensinava a "integrar a espiritualidade na vida cotidiana, com discernimento e concentração"; o *cheikh* não costumava conceder a iniciação em sua *tarica* a quem não tivesse uma ocupação no mundo.

A *Shadilliyah* continua influente até hoje, sobretudo pela ação de dois ramos posteriores da confraria, as *turuq Shadilliyah-Darqawiah*, do século XVIII, e *Shadilliyah-Darqawiah-Alawiah*, esta estabelecida pelo grande *cheikh* Ahmad al-Alawi. Este tinha enorme curiosidade pelo cristianismo e chegou a ter alguns discípulos cristãos em sua *záuia* de Mostaganem, no norte da Argélia.[4] Considerado pelo consagrado orientalista A. J. Arberry (1905-1969) alguém "cuja santidade lembra a época de ouro dos místicos medievais", Alawi foi também homenageado por Frithjof Schuon com as seguintes palavras:

> *A idéia que é a essência secreta de cada forma religiosa, que faz de cada uma o que é pela ação de sua presença interior, é demasiadamente sutil e profunda para ser personificada com igual intensidade por todos aqueles que respiram sua atmosfera. Por isso, é uma grande felicidade entrar em contato com um autêntico representante espiritual de uma dessas formas, alguém que representa em si mesmo a idéia que, por centenas de anos, tem sido a força vital desta civilização. Encontrar alguém assim é como estar face a face com um santo medieval ou um patriarca semita. Esta foi a impressão*

---

[4] Uma excelente introdução à vida e à mensagem do *cheikh* é *A Sufi Saint of the Twentieth Century*, de Martin Lings (1988).

que me causou o cheikh Alawi. Em seu jelabá marrom e turbante branco, com sua barba cinza-prateada e suas longas mãos que pareciam dobrar-se ao fluxo de sua baraca, ele exalava algo do puro e arcaico ambiente do patriarca Abraão. (...) Seus olhos, que eram como duas lâmpadas sepulcrais, pareciam penetrar todos os objetos, vendo em sua casca externa somente um único e mesmo nada, além da qual viam uma única e mesma realidade — o Infinito. Seu olhar era bastante direto, quase duro em sua enigmática firmeza, mas pleno de caridade. (...) A cadência do canto, as danças e as encantações rituais pareciam continuar vibrando perpetuamente nele; sua cabeça às vezes oscilava ritmicamente para frente e para trás enquanto sua alma submergia nos mistérios insondáveis do Nome Divino, ocultos no dhikr, *a Recordação. (...) Ele passava uma impressão de irrealidade, tão remoto estava, tão inacessível, tão difícil de compreender em sua simplicidade completamente abstrata (...) Estava cercado, simultaneamente, pela veneração devida aos santos, aos líderes e aos idosos (...).*[5]

Um ilustre antecessor do *cheikh* Alawi, Mulay al-Arabi ad-Darqawi foi o fundador da influente *tarica Darqawiyah* (ramo da *Shadilliyah*) no final do século XVIII. Ele foi também o "pólo" (*qutb*) espiritual de seu tempo e o "renovador" do islã . Responsável por um reavivamento espiritual no extremo oeste do mundo islâmico quando de sua fundação, a

---

[5] Citado em *A Sufi Saint of the Twentieth Century*.

tarica Darqawiyah é até hoje uma ordem influente, com dezenas de milhares de discípulos, originários de toda a cadeia social, dos pastores de ovelhas das montanhas Atlas e Rif, no norte da África, a sultões como Abdel Rahman (século XIX) e Maulay Iussuf (início do século XX). Várias agremiações sufis surgiram da *Darqawiyah* e se difundiram não apenas pelo Magrebe, mas também pela Turquia, Arábia e pelo Oriente Médio.[6] Um aspecto característico dos seguidores dessa *tarica* é seu rosário com cem grossas contas de madeira, o qual eles geralmente levam em volta do pescoço.

Uma das confrarias sufis mais características é a *Mevlevia*, conhecida como a dos "dervixes rodopiantes". Estabelecida no século XIII por um dos gigantes da espiritualidade islâmica, Jalal ad-Din Rumi, ainda tem forte atuação em todo o mundo islâmico.

Rumi, místico, poeta e mestre espiritual, foi uma das maiores e mais influentes figuras do sufismo em todos os tempos — na verdade, foi um dos luminares da mística em seu sentido mais universal, ou da mística sem epítetos. Rumi era conhecido como *Maulana*, que significa "meu Senhor". Quanto a seus poemas, até hoje são lidos, traduzidos e meditados, despertando enorme interesse inclusive entre os ocidentais. Seus versos têm servido como meio de instrução para gerações de sufis e muçulmanos piedosos. Rumi foi contemporâneo de Ibn Arabi, o *"cheikh akbar"* ("o maior dos mestres"), com quem Rumi conviveu quando ambos viviam em Damasco, entre 1233 e 1237.

---

[6] Ver Victor Danner: *Islamic Spirituality-Manifestations.*

Outra importante *tarica* é a *Naqshbandiyah*, fundada no século XIV. Exerce influência na Ásia e naquela área do globo outrora sob a influência comunista. Deriva seu nome do sufi Baha al'din Muhamad Naqshband. Nascido em Bucara, foi de lá que a ordem principiou sua expansão; ao longo dos séculos, ela chegou à Índia, ao Paquistão, à Turquia, à Síria, ao Egito, ao Afeganistão e até à China e à África. Teve um papel destacado na época da antiga URSS, quando liderou a resistência cultural e religiosa à máquina ateísta oficial. Mais recentemente, a *Naqshbandiyah* penetrou em regiões do chamado "Islã amarelo", isto é, os povos orientais que abraçaram a religião de Maomé, como Malásia, Indonésia, Java e Sumatra. Um de seus aspectos mais característicos é a determinação de influenciar as classes dirigentes da sociedade, aproximando o Estado da religião. Um de seus membros mais conhecidos foi o poeta Jami (1414-1492).

No subcontinente indiano, a irmandade mais difundida é a *tarica Chishtiyah*. Originária do século XIV, foi influenciada pelas teorias e práticas místicas dos sábios e ascetas hindus — o que mostra, de certa forma, a flexibilidade do esoterismo islâmico em receber influências externas, algo que o fundamentalismo desejaria negar. Entre as técnicas de concentração espiritual da *tarica*, destacam-se a grande ênfase no *dhikr* e no controle da respiração. Seu ideário sofreu forte influência da *wahdat al-wujud*, ou doutrina da "unicidade do Ser", de Ibn Arabi. O santuário do fundador da ordem, Khwajah Muin al-din Chishti, em Ajmer, na Índia, atrai centenas de milhares de peregrinos todo ano, não apenas muçulmanos, mas também hindus e siques.

7.5 Influência do sufismo nas artes

A importância da arte e da cultura na vida espiritual do islã é o tema com o qual concluirei o presente capítulo. Na caligrafia, arquitetura, dança, música e poesia, o sufismo se revela como vetor de difusão, junto ao povo em geral, dos tesouros da sabedoria espiritual; tais tesouros, por intermédio do meio proporcionado pela arte, podem ser experimentados "existencialmente", por assim dizer, ainda que a maioria não consiga verbalizar seu impacto. Na verdade, algumas das obras-primas da arte constituem uma resposta sintética e direta à pergunta sobre o que é o sufismo. A grande mesquita de Córdoba; o palácio da Alhambra, em Granada; a mesquita de Qarawiyyin em Fez, no Marrocos; a mesquita de Isfahan, no Irã; a grande mesquita de Damasco; a mesquita azul, em Istambul. E também a mesquita do Xá, em Isfahan, no Irã; a mesquita de Delhi; o palácio do Taj Mahal, na Índia; a dança dos dervixes mevlevis da Turquia; um poema de Rumi; ou ainda uma pintura em miniatura da antiga Pérsia (como a da *Viagem celeste* de Maomé, por exemplo). Todas essas obras-primas são de certa maneira "respostas", em modo artístico, ao significado espiritual do sufismo. Essas manifestações artísticas "explicam" a mística islâmica de maneira simples, direta e sintética.

Titus Burckhardt tem uma ótima reflexão sobre este ponto:

> *Não há melhor meio para entrar em comunicação direta com uma civilização do passado do que a contemplação de uma obra de arte, sempre que esta represente um*

núcleo espiritual. (...) Nela, manifesta-se sempre algo essencial, algo que não sabemos captar através da história, com seus traços mais ou menos externos, algo que escapa à análise das circunstâncias socioeconômicas. (...) Uma obra de arte é vista, proporciona-nos uma vivência e esta nos faz compreender intuitivamente, sem necessidade de rodeios intelectuais, um determinado modo de ser e de querer. (...) Desta maneira, resulta mais fácil familiarizarmo-nos com o pensamento e os conceitos morais de uma cultura budista se conhecemos a imagem do Buda, representativa dessa cultura. Podemos fazer uma idéia mais exata da vida espiritual e social da Idade Média cristã depois de penetrarmos na arquitetura de uma abadia românica ou de uma catedral gótica, supondo sempre que possuamos essa receptividade imprescindível para captar a arte autêntica.[7]

Vale ressaltar que a arte no mundo islâmico deve em grande medida tanto sua origem como seu florescimento ao sufismo. Muitos dos principais artistas muçulmanos têm sido adeptos do sufismo. Os grandes nomes da poesia são sufis, como Jalal ad-Din Rumi e Farid Uddin Attar; o mesmo vale *grosso modo* para a caligrafia, a dança, a arquitetura e para a música, cujos grandes mestres têm sido adeptos do sufismo. A arte islâmica está, assim, intimamente ligada à mística e ao esoterismo, constituindo ao mesmo tempo um poderoso lembrete das riquezas do legado islâmico aos partidários de uma visão puramente política ou militante da religião.

---

[7] *La civilización hispano-árabe* (1985).

CAPÍTULO 8

A hora e a vez do fundamentalismo anti-religioso

Não há dúvida de que o *fundamentalismo*, como visto nos capítulos anteriores, representa uma limitação, uma regressão e uma redução ao mínimo denominador comum da exuberante riqueza intelectual e cultural das grandes religiões mundiais. Tampouco se questiona o fato de que o fenômeno é o maior sintoma de que há uma profunda ignorância, mesmo entre os fiéis, acerca das impressionantes realizações das civilizações tradicionais, em todos os campos da atividade humana. Ademais, o propósito subjacente desse reducionismo operado pelos diversos movimentos militantes nas religiões é servir a objetivos limitados, superficiais e imediatistas, geralmente de cunho político-ideológico. Se há tudo isso em jogo, é preciso reconhecer igualmente que tal abordagem "interessada" e militante da religião encontra seu pólo oposto e complementar naquilo que chamarei de *fundamentalismo anti-religioso*, ou secular. O cerne desse tipo particular mas igualmente explosivo de fundamentalismo é encarar de forma "apaixonada", intolerante e estreita uma *Weltanschauung* radicalmente secularizada e antiespiritual.

Tal *fundamentalismo secular militante* também tem sua "ortodoxia" e seus "dogmas", que querem ser a exata contraposição dos dogmas religiosos. Trata-se da anti-religião tornada uma "religião", a qual nega todo Absoluto, com exceção de sua própria defesa apaixonada e "absoluta" de que só o relativo existe — de que só o relativo é "absoluto". Desnecessário enfatizar o grau de ignorância e fanatismo mediante o qual os adeptos desses "fundamentalismos anti-religiosos" fustigam e perseguem seus adversários, reais e imaginários, em nome de uma pretensa "pureza" secular.

8.1 O marxismo como fundamentalismo

Um exemplo histórico desse último aspecto é fornecido pelo marxismo. Ao final da Primeira Guerra Mundial, quando o "materialismo dialético" era triunfante na Rússia, ele rapidamente se crispou numa forma nacionalística, e aqueles socialistas que ousaram criticar tal desdobramento passaram a ser caçados por todo o mundo com um zelo e um fanatismo que superaram em gênero, número e grau as mais fanáticas perseguições do passado. O caso do revolucionário russo Leon Trotsky é exemplar a esse respeito; como é de conhecimento geral, ele foi assassinado em seu exílio, no México, a mando de Stalin.

O chamado "materialismo histórico" incorporou feições características do "fundamentalismo secular" mais tacanho, com seu "dogmatismo" muito mais rígido e totalitário do que o de correntes religiosas. Para Ananda Coomaraswamy (1877-1947), o marxismo se tornou uma espécie de pseudomantra repetido *ad nauseam* por seus seguidores. As supostas "leis econômicas" fixas, em relação às quais os homens não teriam liberdade, espelham doutrinas fundamentalistas, com seu culto de um único livro (*O capital*), uma única verdade (a do marxismo-leninismo), um único inimigo (o capitalismo). A "fé cega" no caráter inexorável da derrocada da sociedade burguesa e na ascensão da classe operária alimentou de um zelo pseudo-religioso os marxistas, com uma espécie de doutrina da "predestinação" do proletariado.

Tanto o marxismo como seus adversários, o liberalismo e o fascismo, foram levados por sua própria estrutura intelectual e seus postulados a procurar destruir a(s) fé(s) religiosa(s) e a, inevitavelmente, tentar construir novas "fés" a partir de suas teorias. Trata-se, mais uma vez, de *não-religiões* que se tornaram (pseudo) religiões. No caso do marxismo, assistiu-se à "divinização" da classe trabalhadora; no fascismo, à divinização de uma raça ou de um Estado; no liberalismo, do lucro e do "homem econômico".

Outro exemplo de "fundamentalismo secular", com sua hoste de "divindades" pretensamente científicas — como o materialismo, o relativismo, o cientismo e o individualismo (ideologias essas que tentam de todas as formas solapar as bases das religiões históricas tradicionais) —, pode ser visto no freudismo, ou "religião secular" da psicanálise.

8.2 A psicanálise como religião secular

Muito mais profunda e abrangente do que em geral se acredita foi a influência da religião, em seus diversos modos e dimensões, na vida e na obra de Sigismund Schlomo Freud — nascido em uma família judia asquenazita em 6 de maio de 1856, em Freiberg, Áustria (hoje território da República Checa), e falecido em Londres, em 23 de setembro de 1939.

A idéia de que o fundador da psicanálise foi um intelectual completamente fechado na cultura cientificista e secularizada não guarda correspondência com os fatos. Em sua autobiografia, por exemplo, ele fala da familiaridade com as histórias da Bíblia antes mesmo de ter aprendido a escrever e do quanto esse conhecimento teve um efeito duradouro sobre seus interesses. Ainda mais importante, a religião foi objeto de uma grande variedade de seus artigos, ensaios e cartas. Entre os livros, três de suas obras mais importantes tratam diretamente do tema: *Totem e tabu* (1913); *O futuro de uma ilusão* (1927); e *Moisés e o monoteísmo* (1939).

Em *Totem e tabu*, Freud sustentou a controvertida e petulante tese de que toda religião não passa de uma forma coletiva de neurose — ou de culpa pelo homicídio da "figura paterna". Em *O futuro de uma ilusão*, escreveu que a religião deriva de desejos humanos, que não há nela, portanto, elementos transcendentes ou revelados e Deus representa apenas um anseio infantil pela "figura do pai". Em suma, expunha uma visão negativa da natureza e do papel da religião: ou era uma "ilusão" ou uma "expressão coletiva de neurose".

Finalmente, em *Moisés e o monoteísmo*, leva ao paroxismo sua fixação no tema do homicídio do "pai" ao apresentar o profeta e revelador da tradição judaica, Moisés, como um *gói*! O homem que revelou a Torá e trouxe as tábuas da lei — código de conduta depois "universalizado" ao ser incorporado tanto pelo cristianismo como pelo islã —, o mesmo Moisés que libertou seu povo do faraó, cerca de 1300 a.C., não teria sido um judeu. Além disso, segundo a visão altamente idiossincrática de Freud, ele foi morto pelos próprios israelitas, supostamente revoltados com a imposição da circuncisão! Ao matar tal "pai" e, depois, para fazer frente ao sentimento de culpa resultante, os judeus passam a seguir a religião mosaica como forma de expiação de sua culpa. Nessa "desconstrução" iconoclasta da figura do "pai" por excelência da tradição judaica, Freud pretende pôr em xeque, mediante uma simples "canetada", uma tradição milenar.

Neste momento é importante ressaltar a pouco conhecida relação de Freud com a mística heterodoxa judaica, que dá conta do intenso intercâmbio do inventor da psicanálise com formas dissidentes da Cabala, especialmente com as seitas sabataísta (século XVII) e frankista (século XVIII), que agitaram profundamente as comunidades judaicas na Europa e Oriente Próximo — como veremos adiante. Ou seja, se Freud de fato nutria uma visceral antipatia e mesmo "birra" para com formas tradicionais de religião, sobretudo a ortodoxia mosaica, ele, por outro lado, tinha conhecimentos abrangentes e interesse por toda forma de heterodoxia e de movimentos de rebeldia religiosa. Algo que é atestado por seu grande apreço por técnicas cabalistas como a de interpretação dos sonhos e sua imensa coleção de ídolos e estátuas de divindades diversas, que atulhavam seu escritório e seu consultório em Viena — em oposição, diga-se, ao primeiro mandamento da lei mosaica: "*Não terás outros deuses além de Mim; não farás para ti imagem de escultura, nem figura alguma (...). Não adorarás tais coisas.*" (Êxodo 20, 3-5.)

A longa vida de Freud — 83 anos — pode ser dividida em dois períodos principais. O conhecimento que temos do segundo período — abarcando o século XX — é bastante extenso. Caracterizam-no palavras-chave como "neurologia", "psiquiatria" e "ciência". Quanto ao período inicial, abrangendo o século XIX, há pouca informação disponível; ele pode ser simbolizado por palavras-chave como "diáspora judaica", "gueto", "Cabala" e, inevitavelmente, "anti-semitismo". Foi nesse ambiente que ele nasceu e cresceu e do qual recebeu influências que marcariam todo seu posterior percurso existencial e intelectual.

Um exemplo dessa influência duradoura é o prefácio que escreveu para a edição hebraica de *Totem e tabu*, publicada em 1939 (ano de sua morte) em Jerusalém: "Eu me encontro tão distanciado da religião paterna como de toda outra religião, mas nunca reneguei a conexão com meu povo. Se alguém, contudo, me perguntasse o que ainda há de judeu em mim, dado que renunciei a tantos elementos comuns, eu responderia: 'Todavia, ainda muitas coisas, talvez todo o principal.'"

Essas palavras foram compostas, provavelmente, para prevenir possíveis reações contrárias, dadas as críticas violentas aos "elementos comuns aos quais ele renunciou" — referência ao seu abandono da tradição de seus pais —, mas também para indicar que, por trás da rejeição à ortodoxia mosaica, havia ainda uma ligação com correntes subterrâneas do misticismo judaico.

Pouco se sabe desse período inicial, entre outras razões porque Freud mesmo destruiu seu arquivo de documentos pessoais, pelo menos duas vezes, em 1885 e em 1907. Alguns eruditos perguntam qual a razão para isso. A resposta mais óbvia é que a ação visava resguardar tanto informações puramente pessoais como também, inevitavelmente, documentos que poderiam indicar e favorecer visões diferentes da oficial que se queria propagar. Além disso, os documentos posteriores a essa data têm permanecido rigorosamente guardados nos Arquivos Freud e só têm se tornado disponíveis a um círculo restrito de psicanalistas "ortodoxos".

Seja como for, uma inovação tão revolucionária como a psicanálise, que, ademais, transmitiu sua influência para diversos e variados domínios da cultura contemporânea, cujos conceitos e práticas se infiltraram em praticamente todo tipo de atividade, não poderia ser obra exclusiva de uma única mente, como observou o autor norte-americano Whitall Perry em *Challenges to the Secular Society*. Em *Moisés e o monoteísmo*, o próprio Freud notou que "tudo o que existe hoje deriva de alguma corrente do passado".

Essa "corrente do passado", que de certa maneira está subjacente às origens da psicanálise, não é outra que a própria tradição judaica, sobretudo seu ramo místico, a Cabala. E, mais particularmente ainda, suas correntes heterodoxas ou antitradicionais.

As origens familiares de Freud eram hassídicas, escola mística estabelecida no Leste europeu no século XVIII. Sua maior figura é o Baal Shem Tov (1700-1760), o "mestre do nome sagrado", fascinante "homem santo" que renovou o judaísmo com seu fervor místico e sua ênfase na oração, na música e na dança como suportes contemplativos. O hassidismo, contudo, como apontou Gershom Scholem em *O nome de Deus*, não ficou imune às teses subversivas de escolas heterodoxas como o sabataísmo e o frankismo.

Sabatai Zevi (1626-1676), originário de Esmirna (atual Turquia), declarou-se o "messias" e causou uma torrente de entusiasmo entre as comunidades judaicas da Europa e do Oriente Médio. Costumava assinar suas cartas com um prosaico "o Senhor, seu Deus, Sabatai Zevi". A despeito da excomunhão que sofreu por parte do rabinato de Jerusalém, contou com o apoio entusiástico das massas e entrou em Istambul, capital do então poderoso Império Otomano, com o propósito de converter o sultão a seu especial tipo de judaísmo. Pagou caro, contudo, por sua ousadia e irrealismo, e foi ele quem teve de trocar de lado, apostatando para o islã sob o nome de Mehmet Effendi! A frustração que tal fraude causou no mundo judaico foi enorme. Mas o anarquismo religioso e a ruptura com a tradição, incluindo a contestação da moral sexual, como pregados por Sabatai Zevi, deixaram seqüelas, inclusive em Freud.

No século seguinte, outro rebelde, Jacob Frank (1726-1791), se autoproclamou o continuador de Sabatai Zevi; quase desnecessário é informar que também se dizia o "messias" e que, igualmente, foi excluído da comunidade judaica. O credo e o culto frankistas desafiavam a lei mosaica. Seu "fazei o quiseres, é tudo da lei" era posto em prática especialmente mediante ritos de "liberação dos instintos sexuais". Com suas teses condenadas, Frank acabou por simular, como Zevi, adesão a outra religião, dessa vez o catolicismo, e assim sua influência extrapolou os limites da comunidade judaica, abrangendo a Europa central e oriental, onde suas idéias circulavam com desenvoltura no século XIX, quando Freud nasceu. "Eu vim ao mundo para livrá-lo de todas as leis e estatutos em vigor", Frank costumava dizer — declaração que Freud poderia assinar sem dificuldade.

Nas palavras de Gershom Scholem, Jacob Frank foi uma das mais sinistras figuras do messianismo judaico, mescla de "déspota, profeta popular e impostor ardiloso".

Tais correntes heterodoxas exercem influência latente no judaísmo, levando seus adeptos à ilusória crença de que teriam "superado" a Torá. David Bakan, ex-professor de psicologia da Universidade de York, no Canadá, sustentou, no estimulante *Freud and the Jewish Mystical Tradition*, que foram essas correntes que influenciaram diversas concepções freudianas. Freud operou desse modo uma secularização da mística judaica e a psicanálise pode ser vista como tal secularização.

Mas, se foi de fato assim, por que não há referências explícitas a esse ponto em sua obra? As respostas que Whitall Perry e David Bakan dão são convergentes: uma das causas foi o anti-semitismo; a outra, o imenso orgulho e vaidade de Freud, sua "personalidade messiânica", como notou Bakan.

Freud temia que, no contexto de racismo, latente ou explícito, vigente na Europa de então (basta citar a esse respeito o caso Dreyfus, no início do século XX), indicar suas fontes judaicas, ainda que não-ortodoxas, exporia desnecessariamente a psicanálise a forte, e talvez fatal, oposição. Não foi por outra razão que ele insistiu tanto na unção de Carl Gustav Jung, o único não-judeu do círculo inicial da psicanálise, como seu sucessor e presidente da Sociedade Psicanalítica Internacional. A posterior defecção de Jung, por volta de 1913, causou mais desgosto em Freud na medida em que ele acreditava que o suíço "salvaria a psicanálise". Outro fator a ser levado em conta é que o segredo e a dissimulação fazem parte da Cabala; tanto da ortodoxa como das correntes heterodoxas.

A Cabala, além disso, inclui o que, na falta de um termo melhor, poderíamos chamar de "visão consagrada" da sexualidade. Entre suas visões, figura a da união conjugal como uma emanação da união *in divinis* entre o Divino e sua *Shekinah* (a "Presença Divina"), protótipo perene de todas as polaridades complementares que se manifestam no mundo do tempo e do espaço — como a terra e o céu, o dia e a noite, o esforço e o descanso, o masculino e o feminino etc. O par oposto e complementar formado pelo pólo masculino e o feminino constitui, assim, um resultante da primeira polarização que ocorre no Princípio Supremo, entre Absoluto e Infinito. É dessa dualidade principial que derivam todas as oposições distintas e complementares que fazem o mundo terreno. Dessa maneira, a sexualidade humana é encarada como simbolicamente conectada à "atividade" eterna da Divindade. Não é por outra razão senão sua intrínseca sacralidade que o sexo, nas civilizações tradicionais, é cercado de rígidas condições e sanções. É por isso também que o código mosaico — ao qual Freud, como judeu, estava originalmente vinculado — coloca os desvios sexuais como particularmente graves. Não surpreende, portanto, que as transgressões do código mosaico estejam no centro de interesse da psicanálise.

Freud, dessa forma, não inovou propriamente ao trazer a sexualidade para o centro da cena. Mas, ao efetuar essa operação, tornou-a profana, dessacralizou-a, desvinculando-a de seus elos com o domínio transcendente. Ele, assim, despojou a sexualidade humana de sua aura espiritual.

Nessa secularização, Freud foi tão longe a ponto de, em outra operação iconoclasta, "desconstruir" a figura do "pai" da tradição de seus antepassados, como fez nessa obra exótica e excêntrica que é *Moisés e o monoteísmo*. Nessa operação transparece já algo das idéias antitradicionais e "anarquistas" de Sabatai Zevi e Jacob Frank.

Outro exemplo de influências heterodoxas pode ser visto no interesse do fundador da moderna psicanálise pela técnica cabalista da *gematria* — estudo dos significados ocultos dos números e das letras (a qual, curiosamente, foi usada pelos adeptos de Sabatai Zevi para "provar" sua condição messiânica). Freud valeu-se da gematria na interpretação dos sonhos, na técnica da "livre associação" e, também, na análise dos atos falhos.

A visão reducionista da religião tradicional — pois o freudismo tem a pretensão de tudo reduzir a fatores psicológicos e de excluir o intelectual e o espiritual, encarando as expressões da espiritualidade como conseqüência de uma "sexualidade reprimida" — não se limitou ao campo judaico, podendo-se constatar operações similares também em relação ao cristianismo: a idéia da "sucessão apostólica", para começar.

Cristo transmitiu a seus apóstolos autorização para ouvir "confissões" e "perdoar" pecados, o que envolve a transmissão de poderes espirituais. Mediante uma iniciação religiosa — o sacramento da Ordem —, certos indivíduos são investidos do sacerdócio e recebem tais "poderes". Freud, por assim dizer, adaptou, segundo seu método "desconsagrador", tal concepção: um psicanalista só se habilita a pôr em prática as metodologias específicas da profissão, segundo a concepção freudiana "ortodoxa", se for antes psicanalisado — ou "iniciado", por outro analista.

O princípio pelo qual todo psicanalista deve antes ser analisado levanta a incômoda questão, como observou René Guénon em *O reino da quantidade e os sinais dos tempos*, acerca da fonte a partir da qual os primeiros analistas obtiveram os poderes que transmitem. Ou seja, quem ocupou o primeiro lugar na fila e passou os "segredos" do ofício a Freud? E se ele foi o primeiro da série, autocolocava-se então, ainda que de forma "cabalisticamente" dissimulada, como o fundador de uma nova linhagem pararreligiosa? A sucessão apostólica remonta, geração a geração, ao Cristo, assumidamente um líder religioso; mas o que dizer de Freud, que não se apresentava como tal, mas sim como o fundador de uma perspectiva assumidamente anti-religiosa — fundamentalisticamente anti-religiosa, poderíamos dizer, mas que quer fundar seu método no mesmo princípio da sucessão estabelecido por Jesus? Isso só pode significar que Freud via a si mesmo como uma espécie de "messias" moderno, como o fundador de uma "religião" sem Deus — de fato, se lermos com atenção livros como *Moisés e o monoteísmo* ou ensaios como "O Moisés de Michelângelo", fica evidente que ele se via como um novo Moisés, o "profeta" de uma civilização sem Deus.

Técnicas do confessionário católico foram igualmente reelaboradas pela psicanálise, também em modo secularizante. O caráter rigorosamente individual da sessão psicanalítica, a tese da "transferência" — sejam pecados ou "complexos" —, o "alívio" da culpa, e até o próprio posicionamento físico dos envolvidos, são alguns exemplos de paralelismos com o confessionário, a despeito, é claro, de os valores e objetivos envolvidos serem radicalmente distintos.

"Para a maior parte dos psicólogos modernos", escreveu Titus Burckhardt em *Modern Psychology* (2003), "a moralidade tradicional — facilmente confundida com uma moral puramente social ou convencional — não passa de uma espécie de barragem psíquica, útil ocasionalmente, mas, mais comumente, um obstáculo ou mesmo algo prejudicial ao desenvolvimento 'normal' do indivíduo. Essa opinião é propagada especialmente pela psicanálise, que se tornou amplamente aplicada em alguns países, onde usurpou na prática a função que em outros lugares pertence ao sacramento da confissão".

"O psicanalista substitui o sacerdote, e a irrupção de complexos que haviam sido previamente represados toma o lugar da absolvição. Na confissão ritual, o sacerdote não é senão o representante impessoal — necessariamente circunspecto e cauteloso — da Verdade transcendente que julga e perdoa; o penitente, ao admitir seus erros e pecados, "objetiviza", num certo sentido, as tendências psíquicas que esses pecados manifestam. Ao arrepender-se, ele separa a si mesmo desses erros e pecados e, ao receber o perdão sacramental, sua alma é virtualmente reintegrada e recentrada em seu equilíbrio primitivo. No caso da psicanálise, por outro lado, o homem expõe suas entranhas psíquicas, não diante de um representante do sagrado, mas de um mero profissional profano. Ele não se distancia das profundezas caóticas e obscuras de sua alma, as quais o psicanalista revela ou remexe, mas, pelo contrário, aceita-as como suas, pois deve dizer para si mesmo: "Isto é o que eu sou na realidade."

Essa tendência secularizante de que a psicanálise é apenas um exemplo é percebida, no ideário moderno em geral, como o intuito de cortar as "asas metafísicas" do homem, como observou Frithjof Schuon. Suspenso, por assim dizer, entre dois planos de realidade, o físico e o metafísico, o homem é reduzido pelo freudismo, na prática, ao primeiro. Isso, contudo, não surpreende quando se tem em conta sua antropologia reducionista: para o freudismo, o homem em última instância é o *id*, a parte instintiva, animal e irracional, oculta por trás da "máscara" da racionalidade — *id* que se constitui, assim, no "cerne de nosso ser", como Freud sustentou, por exemplo, em *Outline of Psychoanalysis* (1949).

Mas a pergunta é inevitável: se a racionalidade é apenas "uma espécie de fachada" (como Freud escreveu em *O mal-estar na civilização*) para uma animalidade mais fundamental e a custos mantida sob controle — animalidade que é o "cerne de nosso ser" —, como fica a própria psicanálise, dado que ela é também uma doutrina que se quer racional? É ela condenada por seu próprio veredicto, como argutamente apontou Schuon, ou seria a única doutrina a escapar, como num passe de mágica, dessa animalidade tornada inescapável?

Além de Schuon, Guénon e Burckhardt, outro importante autor para quem as contradições do freudismo tampouco passaram despercebidas foi Mircea Eliade. Em sua autobiografia, *No Souvenirs* (1977), o historiador das religiões romeno escreve que "a psicanálise justifica sua importância dizendo que ela nos força a olhar para a realidade, e a aceitá-la. Mas que tipo de 'realidade'? Uma realidade condicionada pela ideologia materialista da própria psicanálise".

Em *Cultural Fashions and History of Religions* (1967), Eliade critica as "estórias de horror apresentadas como fato histórico objetivo" num dos principais textos sobre religião de Freud, *Totem e tabu* — livro que constitui um autêntico *roman noir* frenético para Eliade.

A conclusão a que se chega após ponderar esses elementos é que, a despeito de sua violenta hostilidade à religião tradicional — vista por Freud como uma "neurose coletiva" e uma "ilusão" —, ele se utilizou de diversos conceitos e procedimentos derivados dela.

Os princípios para a análise dos sonhos e dos atos falhos, por exemplo, devem à *gematria* cabalista. A sessão psicanalítica é devedora de técnicas do confessionário. A idéia da "transmissão psicanalítica" vem da "sucessão apostólica" católica. O conceito do complexo de Édipo foi tirado da antiga religião grega. O papel central atribuído à sexualidade deriva da Cabala. Essas influências, ou melhor, esses "empréstimos" nunca foram reconhecidos por Freud. Envolvendo toda essa atmosfera, percebe-se também um viés mental antinômico e negacionista, herdado — inconscientemente? — de correntes heterodoxas do judaísmo como o sabataísmo e o frankismo.

Em síntese, a despeito de sua perspectiva virulentamente contrária à religião tradicional, o freudismo paradoxalmente se atribui papéis que de fato são espirituais, como o alívio da culpa e a cura de almas, sendo que um autêntico médico da alma sempre foi visto, em todas as civilizações, como um *pontifex* ou um *medicine-man*, um genuíno mestre espiritual. Esses papéis obrigam a psicanálise a se colocar na prática como um substituto da religião ou uma contrafação da espiritualidade, posando simultaneamente de descobridora de fatos que já eram conhecidos. Em outras palavras, na teoria, o freudismo procurava destruir, às vezes de forma insolente, toda base de verdade e de legitimidade da religião, mas, na prática, a psicanálise se tornou uma "religião". É mais um caso de ideologia secular sub-repticiamente se transformando numa contrafação fundamentalista de "religião". "O crime espiritual e social da psicanálise", escreveu Schuon, "consiste em usurpar o lugar da religião ou da verdadeira sabedoria e em eliminar de seus procedimentos toda consideração sobre nossos fins últimos (...). Como toda solução que se esquiva do sobrenatural, a psicanálise substitui à sua maneira o que ela abole: o vazio que produz com suas destruições voluntárias ou involuntárias dilata-a e condena-a a postular um falso infinito ou a atuar como uma pseudo-religião".[1]

8.3 Darwin e o fundamentalismo transformista

O terceiro e derradeiro exemplo de *fundamentalismo secular* que discutiremos é o evolucionismo transformista do naturalista inglês Charles Robert Darwin (1809-1882).

---

[1] *The Psychological Imposture*, já citado.

Pesquisa realizada há alguns anos pela Universidade Católica da América, de Washington, mostrou que o evolucionismo foi o principal motivo apontado pelos jovens norte-americanos que abandonaram a fé. O que não surpreende, dado que o evolucionismo se tornou um dos principais "dogmas seculares" do mundo moderno, defendido com unhas e dentes por uma legião de "fanáticos fundamentalistas" da "religião" da ciência e do progresso. Expor as hipóteses de Darwin e discuti-las de forma objetiva e imparcial é, portanto, algo vital para a religião e a própria civilização. Comecemos, então, por expor o que o naturalista inglês sustenta.

O cerne da tese evolucionista é a hipótese transformista, ou seja, a suposição de que uma espécie pode se transformar em outra. O processo ter-se-ia iniciado com a "geração espontânea" do primeiro ser vivo a partir de moléculas inanimadas e teria no acaso um vetor fundamental. Seu corolário é a suposta origem infra-humana do homem.

As dificuldades, porém, já começam com a suposição inicial, pois "a probabilidade de formação espontânea da vida a partir da matéria inanimada é de 1 para um número com 40 zeros!", como sustenta o premiado professor Fred Hoyle, astrofísico de Cambridge. "Um número tão grande que por si só é capaz de enterrar Darwin e toda a sua teoria", como ele disse.

Mas o surgimento do "primeiro ser unicelular", a partir de átomos sem vida, constitui apenas o passo inicial de todo o "longo caminho" que, segundo Darwin e seus seguidores, iria resultar no homem tal como o conhecemos.

Depois, algas ter-se-iam transformado em peixes; estes, arrastando-se para fora d'água, viraram répteis; que evoluíram para dinossauros; que subiram em árvores e se tornaram pássaros... Finalmente, chegou-se ao primata, e daí ao homem.

Não sem ironia, o geólogo, médico e teólogo norte-americano Rama Coomaraswamy (1929-2006) comentou: "Vocês conhecem a fábula da princesa que beijou um sapo e o transformou em um lindo príncipe. Pois a teoria da evolução sustenta que foi isso o que aconteceu!"[2]

Vemos, assim, que a hipótese evolucionista é alimentada por dois grandes mitos ou ilusões. O primeiro é que ela estaria científica e definitivamente comprovada. O outro mito ou ilusão é que o evolucionismo não tem opositores no meio científico.

Ao contrário do que normalmente se acredita, a tese de que a hipótese evolucionista não apresenta fundamentos puramente científicos tem sido não apenas sustentada por diversos cientistas, desde o lançamento de *A origem das espécies*, em 1859, como é mesmo aceita por alguns evolucionistas ilustres. Yves Delange, por exemplo, professor de Zoologia da Sorbonne, admite que "não há provas definitivas de que a evolução transformista postulada por Darwin tenha jamais ocorrido". Thomas Huxley (1825-1895), o "apóstolo do evolucionismo", admitiu igualmente que os registros fósseis não comprovam a teoria, pois "eles não apresentam nenhuma prova para as modificações propostas por Darwin, ou demonstram que elas foram muito pequenas".

---

[2] Em *Ensaios sobre a destruição da tradição cristã*.

O próprio Darwin consentia que sua tese necessitava da comprovação que viria dos fósseis que apontassem as "formas intermediárias" — os famosos "elos perdidos" — entre uma espécie e outra. Ora, à parte o "Homem de Piltdown", uma das mais constrangedoras fraudes científicas do século XX, elos perdidos definitivamente comprovados nunca foram localizados. *"The only problem with the missing-links is that they are missing"*,[3] comenta com sarcasmo Coomaraswamy.

A grande maioria dos leigos também está iludida em relação à questão de o evolucionismo não ter opositores no meio científico. O fato é que o darwinismo tem sido sistematicamente criticado por uma parcela da comunidade científica, desde seu aparecimento. Um exemplo é a figura do biólogo norte-americano Douglas Dewar. Evolucionista na juventude, ele escreveu um clássico da literatura científica não-evolucionista, *The Tranformist Illusion* ("A ilusão transformista"), em que reúne um grande número de provas biológicas e paleontológicas contrárias à teoria.

As enormes dificuldades que Dewar encontrou para publicar seu livro fornecem, ademais, um exemplo da poderosa máquina de propaganda evolucionista, que "abafa" as vozes dissonantes. Além de só ter conseguido publicação em uma pequena editora do estado do Tennessee, *The Transformist Illusion* não é encontrado nas mesmas bibliotecas que têm suas obras anteriores, quando o autor ainda era darwinista! Não é nada incomum cientistas que não compartilham, em bases puramente científicas, do "dogma" da evolução terem

---

[3] "O único problema com os elos perdidos é que eles estão de fato perdidos."

seus trabalhos deliberadamente negligenciados, para não dizer que sofrem uma censura disfarçada. Difícil imaginar que fosse possível encontrar práticas obscurantistas como essas no meio científico..

Acerca da hipotética transformação de um animal terrestre em baleia, Dewar escreve: "Sempre desafio os evolucionistas a me descrever antepassados plausíveis que possam representar a fase intermediária desta suposta evolução." De fato, seria fascinante tentar encontrar o mamífero terrestre que teria dado origem à baleia... Seu possível descobridor seria um forte candidato ao prêmio Nobel!

Escrevi acima sobre a evolução como um "dogma". De fato, segundo relata o geólogo francês Paul Lemoine, editor do volume V da *Encyclopédie Française*: "Esta exposição mostra que a evolução é impossível. Apesar das aparências, ninguém mais acredita nela. A teoria é uma espécie de dogma cujos sacerdotes deixaram de nele crer, apesar de o sustentaram em benefício dos interesses do bando."

A origem das espécies foi lançado em 24 de novembro de 1859. A edição de 1.250 exemplares se esgotou no mesmo dia. É muito raro, escreveu S. H. Nasr, da Universidade George Washington, que uma teoria sobre uma ciência específica tenha tido uma aceitação tão imediatamente ampla como ela. Talvez seu êxito se explique pelo fato de ter surgido não como uma teoria científica, mas por dar expressão a uma tendência filosófica generalizada da Europa dos séculos XVIII e XIX, a qual penetrou nos domínios da biologia e dela recebeu sua sanção "científica". Nesse sentido, o darwinismo foi providencial para dar respaldo às crenças em um progresso moral e material infinito, de que toda mudança é necessariamente um bem e de que o europeu representaria o ápice da humanidade.

Outro duro obstáculo à tese evolucionista é a chamada "Segunda Lei de Termodinâmica", ou Princípio da Entropia, que ensina que toda transformação redunda numa degradação de energia. A entropia afirma a exaustão de todo processo natural e que há, infalivelmente, degradação, ou "involução", em toda transformação. Mas o darwinismo diz o contrário, ou seja, que os organismos, ao se transformarem, tornam-se cada vez mais complexos e sofisticados. A experiência corrente também nos ensina o oposto disso, que tudo no universo segue um ciclo de nascimento, crescimento e morte; todo organismo se degrada inexoravelmente.

O simples bom senso nos ensina, ademais, que a procriação visa preservar uma determinada espécie. O darwinismo postula o inverso, que os rebentos de determinada espécie podem chegar a pertencer a outra espécie, diferente da de seus pais. Nunca se soube de "progenitores", escreve William Stoddart,[4] que tenham dado origem a rebentos diferentes do seu próprio tipo (há evidências apenas para variação intra-específica, e não para a formação de uma espécie nova e capaz de se auto-reproduzir). Isso se deve à "estabilidade" fundamental das espécies — uma espécie é um "arquétipo" platônico perene. Os evolucionistas procuram obnubilar isso o mais possível; alguns chegam mesmo a negar a realidade das espécies!

---

[4] Em *Remembering in a World of Forgetting* (2008).

Um dos aspectos mais surpreendentes e perturbadores da hipótese é, portanto, a carência de provas. Darwin admitia que ela necessitava da sanção que, assim ele esperava, viria dos fósseis. Mas, a despeito do frenesi com o qual cientistas se lançaram à cata de elos perdidos, eles nunca foram encontrados.

Vê-se, assim, que a evolução não é aquela teoria cientificamente comprovada em que muitos acreditam; para alguns, ela é, na verdade, um mito (Sermonti e Fondi), uma ficção (Schumacher), uma fábula (Coomaraswamy), ou mesmo uma superstição, apesar de ser empurrada goela abaixo dos "leigos" como uma sorte de "verdade revelada".

Mais ainda, a teoria evolucionista vai contra a ciência, pois esta ensina que a "ordem" não pode surgir da "desordem", que o universo vive uma gradual degradação (lei da entropia), ao passo que a evolução diz que ele está "evoluindo".

A ciência diz que a probabilidade de a vida ter surgido da matéria inanimada é tão imensamente remota que é impossível. A ciência sustenta a fixidez das espécies. A ciência diz que nada acontece por acaso. Mas a evolução postula uma série extraordinária de acasos... É por essas razões que a religião e a espiritualidade não têm o que temer da ciência, da verdadeira ciência. Quanto às ideologias, deve combatê-las com discernimento intelectual e com a ajuda da própria ciência.

"É impossível", escreve Stoddart, "que uma evolução que é 'cega, surda e muda' tenha engendrado o olho, o ouvido e a voz. O milagre da consciência não surgiu de um amontoado de pedras!"

Finalmente, vale ressaltar que a hipótese evolucionista é fatalmente prejudicada pela conhecida contradição do relativismo, freqüentemente demonstrada pela declaração: "Todos os homens são mentirosos." (Se eles o são, então esta declaração, também feita por um homem, é nula e sem efeito.)

Especificamente no caso em foco: a *parte* não pode separar-se do suposto *todo evolucionário* e fazer declarações *absolutas* sobre ele. O fato de o homem *poder* fazer declarações verdadeiras se dá porque há algo de absoluto no homem. O absoluto não pode derivar do relativo. Mas, como todo relativismo, o evolucionismo padece de uma contradição interna: como fazer julgamentos quando se nega, implícita ou explicitamente, a possibilidade de julgamento objetivo? Isso porque o darwinismo sustenta que o homem é fruto de uma evolução cega, fundada no acaso. Ora, se o homem é resultado desse processo casual e se não passa de uma "fase", de um "elo", como pode abandonar esse mesmo processo e defini-lo de um ponto de vista objetivo e definitivo, como faz a hipótese evolucionista? Dessa maneira, toda afirmação estaria sujeita ao "fluxo evolutivo" e nunca poderia ser fixa nem definitiva. Para o evolucionismo, o fenômeno humano não passa de um acaso biológico em meio a um universo absurdo. Como então explicar o súbito aparecimento de uma suposta "objetividade intelectual", como a defendida pelo evolucionismo? Em suma, o evolucionismo pretende uma definição do homem que é impossível se o próprio evolucionismo é possível.

CAPÍTULO 9

O zen e os cientistas fundamentalistas

Fala-se muito hoje em dia, e com razão, de fundamentalismo religioso. Mas a última coisa que o mundo precisa é da "reação" de algo como um fundamentalismo anti-religioso. Pois infelizmente é justamente esse tipo de nova intolerância que alguns polemistas estão propondo. Idéias têm conseqüências. É a primeira coisa que um intelectual deveria saber. Não parece ser o caso de polemistas e cientistas como Christopher Hitchens, Richard Dawkins e Sam Harris. Esses autores, extrapolando claramente os limites da ciência, estão defendendo abertamente a "erradicação" das tradições religiosas da humanidade. Na opinião deles, são irracionais, não trouxeram nada positivo, são marcadas pela debilidade intelectual e, ademais, constituem um perigo para nossa sobrevivência.

Nada de positivo?

Mas o que dizer então da catedral de Chartres, do Taj Mahal e da Alhambra? E da sabedoria perene de Lao-Tsé, Shânkara, Santo Agostinho, Ibn Arabi, Ralph Waldo Emerson? Esses monumentos arquitetônicos e intelectuais são manifestações diretas de um espírito religioso que nunca cessou de existir entre os mais diferentes povos.

Lembremos também que a presença da religião se estende até aspectos mais mundanos e prosaicos, como, por exemplo, a cultura do vinho e a da cerveja, implementadas na Europa pelos monges. Sem esquecer as universidades e os hospitais criados pela Igreja. Tampouco as cidades que devem todo seu encanto ao espírito — Istambul, Fez, Cairo, Varanasi, Kioto, Jerusalém, Siena, Toledo, Ávila e tantas outras.

Debilidade intelectual?

Em sua "cruzada cienticista", esses justiceiros de jaleco nunca ouviram falar do Bhagavad Gita, do *I-Ching*, do *Sermão da montanha*? Dante e a *Divina comédia* não significam nada para os novos inquisidores?

Irracionalidade?

Como explicam então o gênio de Pascal e do Padre Vieira? E Shakespeare, Calderón, Rumi, Guimarães Rosa?

A música de Bach, Mozart e o canto gregoriano, um perigo para nossa sobrevivência? Tanto quanto a dança indiana e o giro extático dos dervixes?

Salomão tinha razão quando disse, há três mil anos, que nada há de realmente novo sob o sol. Esses cientistas e polemistas crêem estar propondo algo original, mas não dizem nada de essencialmente diferente dos ateístas da Grécia, Índia e de outras paragens de outrora. Repetem o discurso dos sofistas de 2.500 anos atrás. Freud e Marx também já haviam tentado "erradicar" a religião com uma "canetada". Esquecem que não há civilização, em toda a longa história humana, que não tenha tido sua religião. "Não há cultura sem culto", disse T. S. Eliot. O que há de "inovador" na proposta atual é a falta de imaginação e uma arrogância bem "moderna".

Esses autores extrapolam, ademais, o campo de ação próprio da ciência, tornando-a na prática uma pseudo-religião — sua anti-religião transforma-se numa nova "religião", ainda mais intolerante do que a que pretendem combater.

"Quando o dedo aponta para a lua, os tolos olham para o dedo", diz um provérbio zen. Que mundo absolutamente sem graça e sem sal este para o qual Dawkins, Hitchens e camaradas olham! Sem a sabedoria de Confúcio, a presença espiritual e o exemplo de desapego dos santos, as pinturas de Fra Angelico, os templos e a música da Índia. Um mundo sem perfume, sem beleza, sem virtude. Mais importante ainda, sem propósito e sem sentido. Pelo visto, esses homens passaram tempo demasiado num laboratório e não atentaram para o fato de que muito do bem que ainda temos deriva da sabedoria transmitida pela religião. Não daquela superficial e fanaticamente entendida, é claro, mas da religião da Verdade, do Bem e do Belo de que falava Platão.

Corruptio optimi pessima, a corrupção do melhor é o pior tipo de corrupção. Isso se aplica à chamada "direita religiosa", especialmente nos EUA de Bush, com suas superficialidades, sua autocomplacência e seus graves erros políticos. Mas os cientistas de que falamos não estão criticando a direita religiosa, eles estão querendo o fim da religião em si!

Finalmente, há que responder a seus pseudo-argumentos dizendo que as grandes desgraças do século XX não foram causadas pela religião. Nem a primeira nem a segunda guerras mundiais tiveram qualquer relação com religião. O nazismo e o stalinismo foram visceralmente anti-religiosos. O presidente Truman mandou jogar bombas atômicas em Hiroshima e Nagasaki; o que a religião tem a ver com isso? Pelo contrário, foram os "fanáticos fundamentalistas" da ciência e da tecnologia que as produziram e as lançaram.

Em suma, esses oportunistas escamoteiam que nenhuma de nossas tragédias recentes teve motivação religiosa. As "bombas inteligentes" e os "ataques cirúrgicos" foram criados e fabricados pelos camaradas de Dawkins. As modernas ditaduras, "racionais e científicas", violentamente anti-religiosas, perseguiram e torturaram milhões de cristãos, judeus e muçulmanos nos tempos da União Soviética e milhões de budistas, taoístas e confucionistas na época da "Revolução Cultural" — os piores papas, reis e califas da história foram apenas meninos travessos se comparados a esses corifeus das destruições em massa.

Será que Jesus, Buda e Maomé, todos fundadores de religiões, não sabiam o que faziam? Essa panela de fundamentalistas da ciência é mais sábia do que eles? A perversão e a depravação humanas, como Schuon e Stoddart têm explicado em seus livros, são o bastante para explicar nossas misérias. E se as religiões não são totalmente inocentes — "Por que me chamais bom? Só Deus é bom", disse o Cristo —, é graças a elas, com seus exemplos de sabedoria, amor e compaixão, que as coisas não estão muito piores...

EPÍLOGO

O sagrado: uma questão ecológica

O fecho dessas breves reflexões sobre *homens apegados a um único livro* trata das limitadas e arrogantes ideologias que nos confrontam de toda a parte. Temos, de um lado, as tacanhas e fanáticas "certezas" da religião militante que, do Brasil à Bulgária, do Paraguai ao Paquistão, querem impor suas achatadas e exclusivistas visões, descartando como luxo desnecessário o milenar legado de inteligência e arte de sua própria civilização. Focamos nossa mira no moderno fenômeno do fundamentalismo militante, ou da religião extremista, que não deve ser confundido com o "antigo" fundamentalismo (caracterizado por um apego à literalidade dos textos sacros e restrito ao campo religioso, não envolvido com uma visão política moderna e radical). Estritamente falando, o moderno fundamentalismo militante tampouco deve ser confundido com o comunalismo, conceito bem definido por William Stoddart na Introdução. São fenômenos distintos, cujas fronteiras muitas vezes se movimentam ou se borram, tornando a análise bastante complexa. Seja como for, para o público em geral, fundamentalismo se tornou um "termo-ônibus" que inclui indistintamente esses três fenômenos sobre os quais acabamos de falar.

Do lado diametralmente oposto do espectro ideológico do fundamentalismo religioso, temos o "fundamentalismo secular" (ou o relativismo secularista). Este não almeja senão solapar as bases das religiões e do senso do sagrado imanente ao homem; dessa "religião da anti-religião", demos conta, em linhas gerais, nos Capítulos 8, "A hora e a vez do fundamentalismo anti-religioso", e 9, "O zen e os cientistas fundamentalistas".

Resta acrescentar aqui que seus principais "dogmas" ("a verdade não existe" e "o homem nunca pode escapar da subjetividade") podem ser contestados da seguinte maneira. O primeiro enunciado é anulado pelo seu próprio veredicto; ou seja, se a declaração de que "a verdade não existe" é verdadeira, ela se anula por si mesma, como bem apontou Schuon em "La contradiction du relativisme".[1] Segundo: quanto a não poder escapar da subjetividade, a simples enunciação deste "dogma" é sua própria negação, na medida em que, se não podemos escapar da subjetividade, não haveria nem mesmo como perceber isso! Como ensina Aristóteles, aqueles que afirmam que tudo, inclusive a verdade, é relativo e muda num fluxo constante se contradizem, pois, se tudo muda, sobre qual base podem formular uma afirmação válida?

---

[1] Capítulo de *Logique et transcendance*.

A melhor resposta a esses desafios — os relativizantes e os exclusivistas, ambos reducionistas —, que, como no mito do par de rochas *Simplegadas*, esmagavam os aventureiros descuidados, continua sendo a sabedoria perene, a única garantia de transmissão, de geração em geração, de valores profundos e universais, seja no islã, no cristianismo, no budismo e em toda civilização normal. É desse legado universal que trata a "Filosofia Perene".

René Guénon (1886-1951) e Frithjof Schuon (1907-1998), os dois grandes porta-vozes da "Filosofia Perene" em nossa época, sustentam que o mundo moderno está doente. Eles e seus continuadores têm dito isso desde o início do século XX, quando muito poucos lhes deram atenção. Mas, hoje, tal constatação encontra eco generalizado. As raízes profundas dos males que enfrentamos, contudo, ainda são causa de controvérsia. Mais ainda a questão de saber quais são os remédios eficazes contra tal estado de coisas. "Em nossos dias", escreve Schuon,[2] "ouvimos freqüentemente que, para lutar contra o materialismo, a tecnocracia e a pseudo-espiritualidade, é preciso uma nova ideologia, capaz de resistir a todas as seduções e a todas as investidas e de galvanizar os homens de boa vontade. Ora, a necessidade de uma ideologia, ou o desejo de opor uma ideologia a outra, já é uma admissão de fraqueza, e todas as iniciativas que derivem desse ponto de vista errôneo estão fadadas ao fracasso. O que é preciso fazer é rebater ideologias falsas com a verdade, que sempre existiu e que nós nunca poderíamos

---

[2] "Point d'initiative sans la vêrité", em: *Le jeu des masques*.

inventar, dado que ela existe fora de nós e acima de nós. O mundo atual é obcecado pelo 'dinamismo', como se ele fosse um 'imperativo categórico' e uma panacéia, e como se o dinamismo pudesse ter um sentido e uma eficácia independentemente da verdade pura e simples."

"Antes de falar de força e eficácia", ele prossegue, "seria preciso falar da verdade. Uma verdade é eficaz na medida em que nós a assimilamos. Se ela não nos dá a força de que necessitamos, isso significa que não a absorvemos. A verdade não tem de ser 'dinâmica', somos nós que temos de ser dinâmicos graças à verdade".

As grandes verdades continuam acessíveis, mas não poderiam ser impostas àqueles que se recusam a levá-las em consideração. O que está em questão aqui não são os dados exteriores que a ciência experimental pode nos fornecer, mas as realidades "invisíveis" com as quais a ciência quantitativa não pode lidar. Tais realidades nos são transmitidas por canais muito diferentes, especialmente os do simbolismo mitológico e metafísico, para não falar da intuição intelectual.

A linguagem simbólica das grandes religiões pode parecer difícil e desconcertante para certas mentes, mas ela é inteligível à luz dos comentários ortodoxos. O simbolismo é uma ciência real e rigorosa, e nada é mais aberrante do que acreditar que sua aparente ingenuidade advém de uma mentalidade simplista e "pré-lógica". Esta ciência, que podemos chamar de "sagrada", não pode ser adaptada ao método experimental dos modernos; o domínio da revelação, do simbolismo, da pura intelecção transcende obviamente os planos físico e psíquico e, assim, está situado além do domínio dos métodos ditos científicos. Se acreditamos que não podemos aceitar a linguagem do simbolismo tradicional porque ela nos parece fantástica e arbitrária, isso apenas mostra que ainda não entendemos essa linguagem, e não, certamente, que tenhamos superado seu nível.

Apesar de se ter desenvolvido espetacularmente nas ciências e na tecnologia, o mundo moderno padece de uma ainda mais espetacular decadência intelectual, espiritual e moral. A corrupção ataca a Verdade, o Bem e o Belo, como diria Platão; ao não possuir um centro espiritual firme e estável, nem um propósito intelectual definido, a mentalidade moderna é descentrada e errática. Está perpetuamente em busca de novidades, sempre instavelmente buscando uma felicidade que não sabe muito bem onde encontrar. Para ela, as religiões tradicionais se corromperam ao longo de sua trajetória histórica e não têm mais um papel a desempenhar no mundo contemporâneo.

O erro deste raciocínio é crer que abusos humanos e temporais podem destruir algo que transcende o passageiro e que está ancorado no infinito e no eterno. A religião deriva em sua essência desse plano supratemporal, e nada que este ou aquele indivíduo possa fazer para usar ou desviar o patrimônio religioso com fins particulares pode afetar a essência da espiritualidade — desde, é claro, que não mexam em suas doutrinas e em seus ritos fundamentais, para compatibilizá-los com o "progresso".

Para Schuon, um argumento fácil contra as religiões é dizer que elas se contradizem umas às outras e, portanto, não podem estar todas certas; conseqüentemente, nenhuma delas é verdadeira. É como se alguém dissesse: toda pessoa afirma ser "eu", portanto não podem estar todas certas; conseqüentemente, nenhuma delas é "eu"; o que equivale a dizer que há apenas um homem para ver a montanha e que a montanha tem apenas um lado para ser visto. Somente a metafísica tradicional ou a "Filosofia Perene" faz justiça ao rigor da objetividade e aos direitos da subjetividade; apenas ela é capaz de explicar a unanimidade das doutrinas sagradas e ao mesmo tempo suas diferenças formais.

"A tradição fala a cada homem a linguagem que ele pode entender, contanto que esteja disposto a ouvir", adverte Schuon. Esta reserva é essencial, pois a tradição, repetimos, não pode ir à falência; é, antes, da falência do homem que se deveria falar, pois foi ele que perdeu a intuição do sobrenatural e o senso do sagrado. O homem se deixou seduzir pelas descobertas e invenções de uma ciência totalitária, uma ciência que não reconhece os próprios limites e que por esse motivo não tem consciência do que existe além deles. Fascinado pelos fenômenos científicos, bem como pelas conclusões errôneas que tira deles, o homem terminou por ser submergido pelas próprias criações; ele não está preparado para compreender que uma mensagem tradicional está situada num nível totalmente diferente, nem quão mais real é esse nível. Os homens se permitiram ficar deslumbrados tanto mais facilmente quanto o cientismo lhes dá todas as desculpas que querem para justificar seu apego ao mundo das aparências e assim, também, sua fuga da presença do Absoluto.

O humanismo, seja o espinozista, o deísta ou o kantiano, quis fabricar um homem perfeito independentemente das verdades perenes que dão ao fenômeno humano toda a sua significação. Como era obviamente necessário substituir um Deus por outro, esse falso idealismo deu lugar ao abuso de inteligência característico do século XIX, especialmente ao cientismo e, com ele, ao industrialismo; este último, por sua vez, engendrou uma nova ideologia, tão achatada quanto explosiva, o marxismo, que constitui um humanismo paradoxalmente desumano.

A contradição interna do marxismo é querer fazer uma humanidade perfeita destruindo o homem; os militantes ateístas, mais apaixonados do que realistas, querem fazer vista grossa ao fato de que a religião é, por assim dizer, uma questão ecológica. Ela é "ecologicamente" indispensável para o psiquismo humano e sua ausência gera abusos incomparavelmente piores que sua presença.

O caos intelectual, espiritual e moral no qual está imerso o mundo contemporâneo engendra desenraizamento, descentramento e fragmentação; estes, por sua vez, geram graves transtornos psíquicos e comportamentais, que afligem milhões de nossos contemporâneos. Exteriormente, somos confrontados permanentemente por diversas ameaças: do crime "organizado" ao crime "desorganizado"; de governos tirânicos a corruptos; do conflito nuclear ao colapso ambiental. A resposta mais profunda e mais duradoura a esses desafios incubados pela mentalidade dos *homens de um livro só* são as espiritualidades milenares e tradicionais. Só elas transmitem aquelas certezas fundamentais que dão sentido e propósito à existência e que trazem paz e felicidade, dado que enraizadas na natureza integral e, portanto, espiritual, do homem.

Bibliografia

AL-SUHRAWARDY, ABDULLAH. *The Sayings of Muhammad*. Nova York: Citadel, 1995.
AZEVEDO, MATEUS SOARES DE. *A inteligência da fé: cristianismo, islã, judaísmo*. Rio de Janeiro: Nova Era, 2006.
_____. *Iniciação ao islã e sufismo*. Rio de Janeiro: Record, 2000.
_____. *Mística islâmica*. Petrópolis: Vozes, 2001.
_____. *Ye Shall Know the Truth: Christianity and the Perennial Philosophy*. Bloomington, Indiana: World Wisdom, 2005.
BURCKHARDT, TITUS. *Arte sagrada no Oriente e Ocidente*. São Paulo: Attar, 2004.
_____. *Fez, City of Islam*. Cambridge: Islamic Texts Society, 1995.
_____. *La civilización hispano-árabe*. Madri: Alianza, 2005.
COOMARASWAMY, RAMA. *Ensaios sobre a destruição da tradição cristã*. São Paulo: T. A. Queiroz, 1990.
KADER, EMIR ABDEL. *Écrits spirituels*. Paris: Seuil, 1982.
FAINGOLD, REUVEN. *Dom Pedro II na Terra Santa*. São Paulo: Sêfer, 1999.
FINKELSTAIN, NORMAN. *A indústria do holocausto*. Rio de Janeiro: Record, 2001.
FITZGERALD, MICHAEL OREN. *The Universal Spirit of Islam*. Bloomington, Indiana: World Wisdom, 2007.
GATTAZ, ANDRÉ. *A guerra da Palestina*. São Paulo: Usina do Livro, 2002.
GEOFFROY, ERIC. *Initiation au soufisme*. Paris: Fayard, 2003.
GUÉNON, RENÉ. *A crise do mundo moderno*. Lisboa: Vega, 1990.
_____. *Aperçus sur l'esoterisme islamique et le taoisme*. Paris: Gallimard, 1973.

_____. *O reino da quantidade e os sinais dos tempos*. Lisboa: Dom Quixote, 1989.
GUERRIERO, SILAS (ED.). *O estudo das religiões: desafios contemporâneos*. São Paulo: Paulinas, 2003.
KHALDUN, IBN. *Os prolegômenos*. São Paulo: Safady, 1954.
KHALIDI, TARIF. *O Jesus muçulmano*. Rio de Janeiro: Imago, 2001.
LAMARTINE, ALPHONSE DE. *Histoire de la Turquie*. Paris: Presses Universitaires de France, s/d.
LINGS, MARTIN. *Sabedoria tradicional & superstições modernas*. São Paulo: Polar, 1998.
LINGS, MARTIN; MINNAAR, CLINTON. *The Underlying Religion*. Bloomington, Indiana: World Wisdom, 2007.
LUMBARD, JOSEPH (ED.). *Islam, Fundamentalism and the Betrayal of Tradition*. Bloomington, Indiana: World Wisdom, 2004.
OLDMEADOW, HARRY. *Journeys East*. Bloomington, Indiana: World Wisdom, 2004.
PERRY, WHITALL. *Challenges to a Secular Society*. Oakton, Virginia: FTS, 1996.
SAGRADO ALCORÃO. Tradução de Samir el Hayek. São Paulo: Marsam, 1994.
SANT'ANNA, LOURIVAL. *Viagem ao mundo dos Taleban*. São Paulo: Geração Editorial, 2002.
SCHUON, FRITHJOF. *A unidade transcendente das religiões*. Lisboa: Dom Quixote, 1989.
_____. *Form and Substance in the Religions*. Bloomington, Indiana: World Wisdom, 2002.
_____. *Le jeu des masques*. Paris: L'Age d'Homme, 1992.
_____. *Logique et transcendance*. Paris: Sulliver, 2007.
_____. *O homem no universo*. São Paulo: Perspectiva, 2001.
_____. *O sentido das raças*. São Paulo: Ibrasa, 2002.
_____. *Para compreender o islã*. Rio de Janeiro: Nova Era, 2006.
_____. *Sufism, Veil and Quintessence*. Bloomington, Indiana: World Wisdom, 2007.
STODDART, WILLIAM. *O budismo ao seu alcance*. Rio de Janeiro: Nova Era, 2004.
_____. *O sufismo*. Lisboa: Edições 70, 1989.
_____. *Remembering in a World of Forgetting: Thoughts on Tradition and Post-modernism*. Bloomington, Indiana: World Wisdom, 2008.

Sobre o autor

Escritor, jornalista e tradutor, Mateus Soares de Azevedo nasceu em Belo Horizonte, Minas Gerais, em 1959. Viveu alguns anos na capital mineira e em Ouro Preto, e depois se fixou em São Paulo, onde reside atualmente com sua mulher e dois filhos.

Ele gosta de dizer que sua carreira intelectual começou, paradoxalmente, lavando pratos. Isso foi na década de 1980, quando estudou inglês e viveu uma experiência européia em Londres. No restaurante em que trabalhava para custear os estudos, tinha colegas poetas, historiadores, filósofos. Originários das ilhas britânicas, do leste europeu, da África. Cristãos ortodoxos, muçulmanos, católicos e protestantes. A partir da vivência britânica e da interação com pessoas de diversas culturas e religiões, concebeu, nos intervalos entre o almoço e o jantar no restaurante, seus primeiros trabalhos publicados no Brasil: *Livro, sempre uma boa companhia*, de 1982, e *Bob Marley e o rastafári*, em co-autoria com Cassiano Quillici, de 1984.

Depois vieram outros quatro livros e mais de 60 ensaios sobre a importância da religião e da espiritualidade tradicional no mundo moderno. Alguns deles publicados em inglês, francês e espanhol.

Iniciação ao islã e sufismo foi publicado no Brasil, na Espanha e na Colômbia. *Mística islâmica* e *A inteligência da fé: cristianismo, islã e judaísmo* vieram em seguida.

Christianity and the Perennial Philosophy saiu nos Estados Unidos em 2005. Assim como *Remembering in a World of Forgetting*, para o qual selecionou, em conjunto com Alberto Queiroz, os melhores textos do autor britânico William Stoddart.

Além de um ano na Inglaterra, Mateus passou uma temporada em Washington, onde se pós-graduou em Relações Internacionais na Universidade George Washington. Na Universidade de São Paulo, obteve o mestrado em História das Religiões.

Atualmente, é colaborador das revistas *História Viva*, *Sacred Web* (Canadá) e *Sophia* (Estados Unidos) e dos jornais *O Estado de São Paulo*, *Gazeta Mercantil* e *Folha de São Paulo*. Como tradutor, é conhecido pelo trabalho com os autores da "Filosofia perene", sobretudo Frithjof Schuon e Martin Lings.

Outros livros do autor

A inteligência da fé: cristianismo, islã, judaísmo

Ye Shall Know the Truth: Christianity and the Perennial Philosophy

Mística islâmica

Iniciação ao islã e sufismo

Contribuições a:

Remembering in a World of Forgetting, de William Stoddart

O estudo das religiões: desafios contemporâneos — organizado por Silas Guerriero

Dossier H — Frithjof Schuon

Este livro foi composto na tipologia Minion-Regular,
em corpo 12/17, impresso em papel off-white 80g/m²
no Sistema Cameron da Divisão Gráfica
da Distribuidora Record.